博瑞森图书
BRAGE

企业阅读 本土实践

博瑞森管理图书网
www.bracebook.com.cn
多 读 干 货 ■ 少 走 弯 路

金牌微商团队长

从入门到精通

罗品牌◎著

中华工商联合出版社

图书在版编目（CIP）数据

金牌微商团队长：从入门到精通/罗品牌著．—北京：中华工商联合出版社，2019.7

ISBN 978-7-5158-2516-8

Ⅰ.①金…　Ⅱ.①罗…　Ⅲ.①网络营销　Ⅳ.①F713.365.2

中国版本图书馆 CIP 数据核字（2019）第 105061 号

金牌微商团队长：从入门到精通

作　　者： 罗品牌
责任编辑： 于建廷　王　欢
责任审读： 郭敬梅
封面设计： 仙　境
责任印制： 迈致红
出版发行： 中华工商联合出版社有限责任公司
印　　刷： 河北宝昌佳彩印刷有限公司
版　　次： 2019 年 9 月第 1 版
印　　次： 2019 年 9 月第 1 次印刷
开　　本： 710mm × 1000mm　1/16
字　　数： 261 千字
印　　张： 17
书　　号： ISBN 978-7-5158-2516-8
定　　价： 99.00 元

服务热线： 010－58301130
团购热线： 010－58302813
地址邮编： 北京市西城区西环广场 A 座 19－20 层，100044
http：//www.chgslcbs.cn
E-mail：cicap1202@sina.com（营销中心）
E-mail：gslzbs@sina.com（总编室）

工商联版图书
版权所有　侵权必究

凡本社图书出现印装质量问题，请与印务部联系。
联系电话：010－58302915

你将收获什么

罗品牌和开课猫的运营团队一直在微商创业一线，我们为很多微商团队提供线上团队培训，以及商学院定制服务。你手里的这本书就是我们长期以来经验的结晶。

假如你是一名微商创业新人，通过这本书，你会掌握如何在朋友圈互动，如何进行社群运营、代理商招募、线上引流、线下沙龙、团队培训、团队管理等。这本书能够帮助你快速融入微商行业，成为一名合格的微商团队长。

假如你是一名微商创业“老兵”，通过这本书，你能掌握系统化的培训管理课程，能够针对不同级别的代理商提供相应的课程内容与技巧，让自己拥有快速复制团队的能力。

读完本书你会发现，你不需要再到处搜罗课程、跑场学习，那些因创业产生的焦虑与迷茫也会离你远去。

无论你的现状如何，都请你相信，只有善于学习、敢于行动才能改变现在的状态，让你成为更优秀的创业者。

罗品牌真心希望你通过这本书打开移动互联网的创业之门，在学习、实践与复制的过程中不断地成长与进步，并且带着那些愿意跟随你的团队伙伴或意向合作伙伴一起创造价值与财富。你要对自己有信心，成功不可能一蹴而就。学习是痛苦的，但没有痛苦学习的过程，就不会有收获成功的喜悦。希望你坚持学习，坚持实践，在学习的过程中感受成长的快乐，品尝成功的滋味。

如何用好这本书

这是一本微商团队长创业实操的指导工具书。

在正式阅读这本书之前，我想请你记住这句话：学习不是生产力，学以致用才是生产力。

同时，罗品牌想和你细致沟通，对你还有以下三个建议。

首先，罗品牌建议你不要看轻这本书，不要翻一翻就随手丢弃。你可以先看一遍大概的框架，以了解本书全貌。不过，罗品牌更希望在你创业的过程中，这本书可以成为你可靠的参谋。本书从微商团队长创业必须经历的过程一一进行阐述，方便你随时翻看并付诸行动。

其次，罗品牌建议你多读、多用。因为本书里的一些方法、经验与工具，都是我们团队验证过的，非常实用。你我都是普通人，不能做到过目不忘，所以建议你多读几遍，更建议你读过之后，马上遵照书中的方法去执行，这样才能真正地掌握。假如你看过本书之后，只是心动，却无行动，结果只能是学了也无用。

最后，罗品牌建议你以老师的角色来阅读这本书，除了自己听懂会用，还要把这些内容讲解给别人听。因为每个微商团队长都要带团队，带团队就需要实操落地的培训。你在阅读本书之后，赶紧实操，然后趁一切还记忆犹新，把你的收获分享给团队伙伴或意向合作伙伴，那么这本书的价值才算是真正发挥出来。

王栋　蚂蚁农场创始人 悟空掌柜创始人

罗品牌做事的态度和拼劲让我知道，这个人一定是这个行业里不可多得的靠谱的人。而《金牌微商团队长》这本书，由罗老师历时三年精心打磨而成，不断积累和更新。如果你对这个行业还存在着某些困惑，我相信这本书一定会给你答案。

孙庆新　微商水印相机创始人

罗品牌做事态度非常认真，长期服务于微商品牌和微商团队长，在开课和培训方面有很深的研究和心得。《金牌微商团队长》一书，相信可以给大家一些落地实操的新思路。

陛下　薇缇薇总裁

这是一个商品销售与互联网思维相结合的创意时代，而《金牌微商团队长》则是这个时代下值得每一位微商团队长仔细研读的好书之一。

石建鹏　著名网络营销专家

这本《金牌微商团队长》，不仅打破了常规的营销思路，将微商的本质与微商团队长的案例结合了起来，同时还包含了微商团队管理、地推活动等众多有实操价值的案例，值得每一个微商团队长仔细研读。

江礼坤　北大清华总裁班特约讲师

全书深入浅出地剖析了微商团队长创业过程中会面临的困境，再用大量案例和图文为微商团队长们提供多角度、多方向的解决方案。本书语言直白有趣、结构紧凑连贯，是一本极具价值的好书，尤其值得微商团队长们仔细研读。

王九山　《微商引流爆粉实战宝典》作者

罗老师的“利他”思维值得每个人学习，不管是付费进他的社群，还是花钱买他的书，或是线下听他的课，给我的感受就是：一个字——值，两个字——超值。这么优秀的男人，一定要推荐给我更多的学员来认识他，优秀的人要让更多的人知道；好的书，值得推荐给各位品牌方和微商团队长，强烈推荐《金牌微商团队长》这本书。

胡源　微世界总经理

罗老师是我在微商圈内见过最擅长营销、最懂微商团队长思维的一位老师，而他写的这本书为微商团队长在创业过程中可能遇到的问题提供了一套完整的解决方案。本书步骤详细，执行简单，能出成果，值得推荐。

李赏　星耀旅行首席执行官

微商圈内大咖非常多，但是愿意分享干货的人特别少。很少会有人像罗品牌这么简单干脆地分享微商行业的精髓，《金牌微商团队长》这本书通过大量翔实的案例切中了微商团队长们创业的痛点和难点，给我们展示了非常落地的实操经验。

阿牛　阿牛笔记作者

想要成就这样的一本好书，需要付出充足的时间和耐心去寻找解决问题的关键，同时也需要一个真正的行业精英注入他的思想和经验总结。罗品牌用《微商生意经》和《金牌微商团队长》证明了他正是这样的一个精英，并且一直在做这样的事。《金牌微商团队长》，这是一本帮助微商团队长解决问题的书，也是一本干货满满的书。

向上的大雨 《朋友圈营销实操手记》作者

“让努力的团队长先富起来!”罗品牌不仅仅是这样说，也这样去做了。他真心实意地将自己的经验分享出来，为微商团队长们扫清创业路上的障碍。这样的实干精神，值得我们每个人学习。在我心目中，这本书是微商团队长的必读书籍。

Ken 腾邦集团微商旅游负责人

《金牌微商团队长》一书，语言有趣，内容务实，价值“高昂”，比之定价，真的是非常少见。而诸多一线微商团队长的互动参与，大量翔实的案例，详细的具体实操步骤，更是进一步提高了这本书的实操参考价值。谈及有关微商团队长创业的话题，你必须看《金牌微商团队长》这本书。

赵淼 嗨团筑梦团队创始人

《金牌微商团队长》是一本有关创业的实操书。这本书既表明了罗老师对很多行业事件的观点和看法，更有一个想法从出台到完整实施的细节及步骤详解，它能够帮助微商团队长们解决很多创业方面的难题，少走很多弯路。

程颖 见微传媒创始人

与罗老师合作多年，除了是合作伙伴外，他亦是我的至交好友。他的专业，他的靠谱，让他成了一个别具一格的微商人。他先是出版了对微商品牌方来说有重要价值的《微商生意经》，又以微商团队长创业面临的困境和实在需求为导向，撰写了《金牌微商团队长》。我建议微商团队长们多花点时间来阅读这本书，相信你会感受到如获至宝的喜悦。

刘婧雅 世界新微商大会特邀主讲导师

培训、销售、管理，这些都是微商团队长们在创业过程中会遇到的难题。罗品牌在这本《金牌微商团队长》中，字字珠玑，切中要害，而且提供了解决问题的方法。本书关于运营、营销方面的思考，也值得所有微商人加以借鉴和研究。

王小见　沉漾创始人

微商是移动互联网时代创业的先行军，创业的微商团队长们更是这个行业的中流砥柱，他们在创业过程中会遇到许多从未遇见的问题。本书作者独具慧眼，结合自己多年服务微商团队长的经验，以许多新颖的视角追本溯源，为创业中的微商团队长答疑解惑，提供了许多宝贵的方法，值得细细品读。

萍萍姐　KISSFORRI 燕窝护肤品创始人

在今天这个时代，卖产品一定要卖情怀、卖包装、卖价值观。这就说明，我们不仅要注重个人 IP 打造，同时也要为自己的品牌打造 IP，这样才能持续不断地吸引客户。罗品牌在营销方面有多年实战经验，他对案例的调研、对微商营销的总结，绝对可以帮助到想把微商事业做大做强的微商团队长们。

雅箬　微商团队长

书中关于微商团队长在创业过程中可能遇到的难题，几乎是微商团队长们日思夜想的问题，而罗品牌给出的答案更是开辟了新方向，启发了新思路，只要你能抓住关键，就可以让微商团队长们有机会迅速崛起并和大企业比肩。

肖晓静　10 年营销系统运营管理咨询

过去罗老师在品牌策划和团队培训方面的成功案例，在整个微商领域中流传至今。而现在，他又将自己多年来对微商团队的研究，写进了《金牌微商团队长》，我料想本书会给微商行业的发展带来非同一般的意义，非常值得期待。

刘阿甘　IP 小王子 魔马会创始人

今天，微信已经成为拥有 10 亿用户的国民应用。罗品牌的《金牌微商团队长》着眼于各大微商品牌的需求，聚焦于微商团队长，告诉微商团队长如何开启自己的创业之路、如何塑造人格化 IP，这是微商团队长们绝不可错过的一本好书。

紫骐　贰食肆品牌创始人

成功做好微商团队长的秘诀就在这本书中，线上线下引流活动、团队管理、个人 IP 打造、代理商社群运营、新代理培训等，统统都给微商团队长们提供了系统专业的讲解。罗品牌一直致力于提升更好的微商服务，这本书无疑会对很多人的创业之路产生指引的作用。

陆玲燕　恩嘉琪品牌创始人

微商团队长们在创业过程中会遇到很多棘手的问题，想解决却常常无从下手。罗品牌总想为这个人群做些什么，于是写了这本书。此书无论是理论还是实操详解，都很通俗易懂，却又不枯燥乏味，每次翻开都能有所收获。

孙洪留　百年五香居卤味传承人

《金牌微商团队长》是一本有关创业的实操书。这本书既表明了罗老师对很多行业事件的观点和看法，更有一个想法从出台到完整实施的细节及步骤详解，它能够帮助微商团队长们解决很多创业方面的难题，少走很多弯路。

王伟　通辽市诚健商贸有限公司

罗老师所总结的团队管理、社群运营和招商裂变等方面的干货，让我对微商团队长的管理和责任有了更高、更广泛的理解。相信本书让微商团队长们创业时能够有所思考，更能够对其有所启发。

旭哥　香港唯爱集团执行总裁

《金牌微商团队长》的面世，不仅对行业进步起到推动作用，同时也对很多微商人的成长有着非凡的意义。实现价值，创造价值，是罗品牌始终坚持的人生状态。

澜心　犀牛妈妈优选创始人

我相信《金牌微商团队长》能够在社群运营、团队管理和销售成交等方面给予微商团队长们一定的指引，帮助微商团队长突破事业瓶颈，创造出自己的商业神话。

吴峰 逗渔品牌创始人

敏捷的思维能力，敢想敢做的行动力，一呼百应的领导力，是罗品牌在我心目中的形象展现，也是所有微商团队长应该发展和进步的方向。如果你想要了解他，想要成为和他一样的人，不妨从阅读这本书开始。

施力兰 美俏国际董事长

罗老师长期接触行业里大大小小的微商团队长们，在撰写《金牌微商团队长》之时，常常站在微商团队长们的角度去切身思考他们究竟需要什么内容，然后凭借自身的从业经验和第三方的数据调查工具，真正找到了微商团队长的痛点，并给出了非常具有指导意义的解决方案。特此推荐给每一位前进中的微商团队长们。

谭欢新 安朵玉颜美容产品系列创始人

感谢罗老师投入热情与精力编撰本书，让我们能跳出自己的圈子，去看看别人踩过的坑，也听听别人的成功经验。本书能为微商团队长们导航，即使数年过去，这本书的价值也是不可磨灭的。

赵十年 欢鱼品牌创始人

无论是培养微商团队长的品牌方，还是想成为微商团队长的创业者们，都可以来翻阅这本书，看完本书会给你的事业带来很大帮助，里面还涉及行业先进的引流思想，可以帮助我们重塑行业的固有思维。

哲哥 亿级战略规划师

这本《金牌微商团队长》，没有流于理论说教，而是严肃论证了当前行业大环境下，微商团队长应该如何向前走的问题。所以说，这本书里包含的思想和价值是永远不会过时的。

白鹭 白鹭康匀纯手工创始人

一直在期待的微商团队长培训书籍终于出来了，这本书给作为微商小白的我指明了道路，让我从迷茫中解脱出来。本书对成为一个优秀的微商团队长需要具备哪些能力、应该如何提升等都解释得很详细，非常感谢罗品牌辛勤的付出！

猫妈　VNAWF 云起团队创始人

罗品牌利用自身的经验和敏锐的眼光，总结出一套专属于微商团队长的打造方法，将大量心血倾注在这本书中，从而才能在行业中独占先锋，他的敬业精神值得我们学习！

诚哥　京润珍珠微商总经理

这本书不负众望，囊括了一位成功的微商团队长需要培养的各个方面，还引入了当下最流行的引流思想，帮助我们更有效地招商裂变，进一步提高了我们微商人的思想高度。

水晶　那顺额尔敦创始人

这本书站在整个行业的战略高度，来讲述如何培养一个成功的微商团队长，作为一个老微商，这本书给了我不少启发，值得反复研读。我相信这本书能给微商这条道路上的我很多支持，让我在这条路上越走越远。

庄宇峰　觅食派创始人

开课猫和罗品牌专注于中国微商团队长成长培训，从接触罗老师到现在，他没套路、没架子，正心正念做好每个细节、做好价值交付。《金牌微商团队长》不仅从战略层面分析，更有一系列落地可实操方法论，将运营、策划、招商、管理完美融入，帮助创业者从 0 开始走向成功，它是一部全新、实战性非常强的微商经验学习书籍。

庄建忠　美年畅逍创始人

罗品牌的新作《金牌微商团队长》最大的价值在于，其中不仅有战略层面的分析，还有微商团队成长的真经，更有可以落地的方法论。极致 + 口碑 + 方法，正是这本书所能给你带来的对微商全新的认知！

目录

第九章　微商团队长如何做好销售

第一章

微商团队长的个人朋友圈形象塑造

第一节　5分钟正确认识微信朋友圈

作为一个微商人，你想要拥有更多的意向客户，想要更高的成交率。

作为一个微商团队长，你想要吸引代理商，壮大自己的团队，进而实现收入的规模增长。

那么，如何才能找到更多意向客户，如何才能壮大团队？

答案是：用心经营你的微信朋友圈。这是一条打造并扩大人脉圈最快捷的途径。

一、微信朋友圈是什么

对不同人来说，微信朋友圈的定义是不一样的。有人把它当作了解朋友动态的一个渠道，没问题。有人把它当作表达自己喜怒哀乐的空间，也可以。

但是，对一个微商团队长来说，微信朋友圈的价值更大。它是一个广告牌，别人可以通过它认识你。它还是一个店铺，在这里你可以售卖自己的产品。

最有价值的是，微信朋友圈可以成为一个媒体展示平台。打开微信朋友圈，就像浏览一个以时间为轴的信息源，在这里，你可以看到所有朋友发布的信息，包括文字、图片、视频，还可以发布微商店铺及其网址链接等信息。

可以说，只要不违法，你在朋友圈发什么内容都可以。正因如此，很多朋友圈的内容根本不值得一看，因为发布者就没用心写文案，他们的文案毫无逻辑，图片和视频都不吸引人。

作为一个微商团队长，你如果这样发朋友圈，你就是在砸自己的招牌，毁自己的人脉。你发布任何一条朋友圈信息，哪怕只是几个字或者一张图，也需要考虑它是否能够吸引人。

二、微商团队长可以用朋友圈做什么

有人说朋友圈是用来卖货的，也有人说朋友圈是用来建立信任的。用一句话来总结微商发朋友圈的目的，就是把思想放进别人的脑袋，把钱放进自己的口袋。

有一句话我非常认同，叫作“先进行影响，才会有结果”。所以，奉劝各位微商人，千万不要在朋友圈暴力卖货，一天发十几条，除了卖货啥也不发，这样做，不仅货卖不出去，而且你早已被人拉黑。

朋友圈是个媒体，我们需要通过朋友圈去影响其他人，让他们与我们的思想同步，认可我们，信任我们。只有建立了信任，别人才会购买我们的产品。

作为微商团队长，要时刻铭记你发朋友圈的目的是要影响潜在客户，让他们接纳你的思想，认可你的观点，让他们对你产生信任感，进而成为你的客户。

举一个例子：

之前在朋友圈里卖得很火的老罗辣子牌辣椒酱，是罗品牌在2014年社群众筹时做的一个社群实验。这个实验做得非常成功，一瓶1斤装的辣椒酱卖到了98元。

一般来说，一瓶辣椒酱最多能卖到20多元。老罗辣子牌辣椒酱为何能卖到98元一瓶，还卖得很火呢？原因在于这瓶辣椒酱背后的故事打动了客户。罗品牌在讲完几天的课之后，公布了老罗辣子这个众筹方案，讲述了老罗辣子背后的品牌故事，也就是罗品牌和他老爸老罗的故事，这个故事有父亲的艰辛与心酸，有儿子的成长与孝心。这段充满爱的父子情，让老罗辣子跟一瓶普通的辣椒酱有了区别。

效果怎么样？当然非常好！当天晚上，在一个不到200人的群卖出了147瓶老罗辣子牌辣椒酱。

这就是建立信任的效果之后，客户由于信任你，进而信任你的产品。

总结：朋友圈是建立信任的地方，微商团队长们千万不要去透支自己的信任，少发一些拉票、点赞的内容，也少发一些负面的东西。

三、微商团队长发朋友圈，要达到什么目的

微信朋友圈有两个入口：

一个是公共朋友圈，它是一个信息流，能够看到很多人发布的内容；

一个是私人朋友圈，它是你发布的信息的集合，能够看到你个人发布的内容。

用一个形象的比喻来说，公共朋友圈就是一个报摊，你可以看到各家媒体发布的信息；而私人朋友圈就是一份报纸，你可以看到这份报纸发布的所有信息。

一个人看公共朋友圈的目的可以概括为发现信息、了解事物、关心朋友的动态，等等。如果他觉得看到的内容没意思、没价值，他就会一直往下翻。当看到好玩、有用的信息或产品时，他才会认真看，点个赞，写个评论，甚至点进这个人的私人朋友圈，查看这个人发布的所有内容。

作为一个微商团队长，你在朋友圈发布每一条信息时，都要琢磨别人看到时的心理状态。你发布的每一条信息，都应该是用心处理过的。你朋友圈的相册封面、你的签名、你的头像等都需要精心处理，做好了会给你加分。

总结一下，朋友圈就是一个对外的出口。通过你的朋友圈，别人能够了解到你是什么样的微商团队长，你在做什么。对方知道的一切其实都是你想让他知道的，我们的目的达到了，离成交就更近一步。

第二节　朋友圈形象定位塑造的四大法则

微信营销离不开朋友圈的展示和传播。本节将通过朋友圈形象定位塑造四大法则，教你如何打造高品质的朋友圈，让你的朋友圈有更多的浏览量，让你的客户快速使用你的产品并加入你的团队成为你的代理商。

在微信营销过程中，从最开始的引流到跟客户进行沟通，再到成交、复购，最后到团队发生裂变，可以说这是一个相对完整的营销流程。而对于微商团队长来说，引流跟发朋友圈是一个相辅相成的动作，只有把引流做好，把朋友圈打造好，我们才能够快速建立并壮大团队。

如果你不会引流，你的朋友圈发得再好也是徒劳无功。如果你不但会推广，而且会引流，但你的朋友圈发得很烂，也会大大降低客户成交转化率。

总之，线上引流与朋友圈打造是息息相关、缺一不可的。

发朋友圈之前，首先要给自己进行定位。

关于定位，你要搞清楚以下四个问题：

第一，你是谁？是问题肌肤咨询师、健康顾问、创业导师，还是××团队创始人？

第二，你能做什么？能提供什么服务？能解决哪些问题？

第三，你和别人有什么不同？你是不是一个有情怀、有格调的人？

第四，你为什么是这样的人？有什么依据？

大家应该听过这样一句话，“成功吸引成功”。这句话的意思是，同一类型的人更容易互相吸引。优秀的人很容易互相欣赏。

每一个微商人都希望自己跟一个实力强、经验足的上级学习，因此，微商团队长无论是在现实中还是在朋友圈里都应该善于包装自己。如果你连自己的朋友圈都不用心包装，别人从你的朋友圈里看不到你的优秀、成功，那么他凭什么跟着你做代理商呢？

进入一个人的私人朋友圈，最先看到的是他的朋友圈头像、昵称、微信背景图、个性签名。所以，一个微商团队长可以从这四个方面给你的客户、代理商传达你的个人形象，从而建立信任感。

一、头像

首先，要从自己的头像入手。在人的所有感官中，视觉对一个人的影响占80%以上。可能有人不同意，但事实就是很多人会以貌取人。所以，微商团队长一定要为自己拍一个好头像，千万不能敷衍了事。

头像最好是形象照，以展现自己专业和成功的一面。

一个好的头像要满足以下三个要素：

（1）要用真实头像，要有亲和力，不浮夸，不要用卡通形象，让人看起来真实、舒服。

试想一下，如果你跟我在谈生意，你是希望我用真实头像还是卡通形象？毫无疑问是真实头像，这样会让人感到真实可信。

使用真实头像可以让你的代理商有安全感，让你的客户对你信任。头像不一定要最漂亮的，但是一定要耐看的。

（2）头像要匹配你的定位，彰显专业性。

头像所用的照片可以是生活中的自拍照，但是建议用形象照，也可以是你跟某些有影响力的人物的合照。

一个好的头像会让人在第一眼看到你时就感觉你很专业，很成功。虽然你刚成为微商团队长，还没有任何成绩，现在还没有赚到很多钱，但是从你成为微商团队长的那一刻起，你就要把自己定位成一个微商大咖。

（3）要足够自信，展现正能量。

现在的人每天都很忙，要玩也是跟具有正能量的人玩。微商团队长的头像背景也要展现出自信。要尽可能用纯色，这样能展现出足够的力量感。头像背景色可以根据自己的喜好来选择，但不能用太散乱、太黑暗的颜色。

二、昵称

微商团队长的微信昵称可以是真名，也可以是艺名。如果是艺名，就要取一个能体现你的定位的艺名。因为艺名就像品牌名一样，具有联想功能和传播力。选用的艺名要简单明了，给人以正规化的感觉，让人一眼就看出你是做什么的。

起昵称的秘诀就是要回答两个问题：你是谁？你是做什么的？

要让你的客户看到你的昵称就能了解这些信息，减少沟通成本。简单来说，就是把与你相关的关键词嵌入进去。比如，昵称＋品牌创始人、昵称＋团队创始人、昵称＋产品信息（××招商中/试用装免费领）、个人昵称等。

三、微信背景图

通过头像和昵称建立了初步的好感，别人才可能想深入了解你，点击你的个人朋友圈会看到你的朋友圈背景图和个性签名。那么，朋友圈背景图用什么图片？

背景图占的篇幅比较大，跟头像要求基本差不多，要尽量展现出真实性。但要明白一点，头像重点展现个人形象，而背景图更适合宣传具有权威性的信息。比如，团队的合影，你与名人的合影，你的日常生活照片，或者其他能证明自己身份的素材。

背景图绝对不是可有可无的，进入你个人朋友圈的人会通过你的背景图来感知你是一个什么样的人。

四、个性签名

个性签名相当于一句简单的个人介绍。很多微商团队长没有营销思维能力，在这个地方写了很多口号，有的人写“为了梦想而奋斗”，有的人写“让你变美丽就是我的价值”。这些口号看似具有正能量，其实就是正确的废话，对别人没有任何价值。

这些口号之所以是废话，没有任何价值，是因为没有解决以下两个问题：

第一个问题：别人为什么关注你？

第二个问题：别人为什么要跟你聊天？

你应该通过个性签名回答这两个问题。

回答第一个问题：因为你有价值，所以别人才会关注你。

回答第二个问题：因为你被需要，所以别人才主动跟你聊天。

假如你是卖面膜的，个性签名是“每天免费赠送十份面膜礼品，先到先得”。现在爱美的女士这么多，你觉得会不会有人找你聊天?

你的头像、昵称、背景图、个性签名，就像你的衣服、领带、鞋子一样，人靠衣装，朋友圈靠包装。如果现实中你穿得很邋遢，领带打歪了，鞋子不干净，别人很难对你产生好感。同样的道理，如果你的朋友圈包装得不好，头像很普通，昵称很随意，个性签名充满了负能量，那么你朋友圈发布的信息也很难让别人感兴趣。

所以，我们的形象是第一位的，永远是最重要的。微商就是通过互联网做生意，很多意向客户、代理商都是没有见过面的，你给他传达的信息让他没办法知道你是男是女、长什么样，他会把钱给你吗?

如果你选一个品牌商，连对方的基本信息你都不知道，或者对他的信息很模糊，你肯定也不放心把钱给他，更不会跟他做生意。

所以，我们一定要将心比心，站在客户的角度思考问题。

第三节 朋友圈客户5级分类让业绩轻松提升10倍

很多人在发朋友圈时都有这样的问题：缺少互动，内容没有很好地进行转化等。针对这类问题，有两个解决方法：一是微信好友分类管理；二是针对不同分类采取不同的服务方法。

朋友圈的好友就是从一个陌生人到潜在客户，到代理商，到核心代理商的演变。根据著名的“二八原则”，微商80%的收入来源于20%的客户，这部分客户就叫“最可能忠诚的客户”，必须集中力量服务于“最可能忠诚的客户”。这部分客户能为微商带来长期的价值。

明智的微商团队长能够跟进客户、细分客户，并根据客户的价值大小来提供有针对性的产品和服务。因此，微商团队长应该把维护重点放在20%的“最可能忠诚的客户”身上。

所以，罗品牌建议微商团队长对朋友圈的伙伴进行五种具体的分类，然后根据每个分类列出相应的服务方法，如表1-1所示。

表1－1 微商客户服务系统

客户类别	类别说明	服务方法
V1	陌生人	发自我介绍；发唱歌语音 发每日新闻；发促销活动 点赞及评论
V2	意向客户	标签地址备注；发生活关心 发生活照片；发宝宝照片 发旅行日记；发客户案例
V3	零售客户	发产品知识；发瘦身知识 发护肤知识；组群发红包 发感谢信
V4	普通代理商	查三天前的朋友圈；一对一培训 协助谈单；直接给客户 记录代理商的成长过程
V5	核心代理商	给课件；给方法 给荣誉；给关心 给礼物；多见面

一、为每个朋友圈伙伴分类

微商团队长可以通过微信的标签工具为每个朋友圈伙伴设计标签。可以分为这五种层级：V1（陌生人）；V2（意向客户）；V3（零售客户）；V4（普通代理商）；V5（核心代理商）。

每个层级客户的情况不一样，需求也不一样，应该针对每个层级设计不同的互动方式。

二、5类朋友圈伙伴的互动方法

（一）陌生人的互动方法

陌生人的特点是沟通少，不熟悉。微商团队长可以主动与他们互动，建立信任。以下是几种简单易学的互动方式。

1. 发自我介绍

自我介绍模板：我是×××，很开心认识你。我是从事健康瘦身工作的，如果你想健康瘦身可以找我。祝你健康快乐每一天。（我是×××，看了你的朋友圈，我深深地被你吸引。希望以后我们多交流，未来能成为好朋友。）

2. 发唱歌语音

如果伙伴唱歌好听，可以录制一个 45～50 秒的歌声语音。发过去之前，先给对方发文字，输入如下内容："亲，听说你唱歌很棒，我唱了一首歌给你听，你点评一下吧。哈哈。"要特意说明是唱歌给他听，这会有很好的互动效果。

3. 发每日新闻

将新闻平台定期更新的有价值的新闻转发给客户，形成互动。坚持定期更新，从而塑造一个特别有毅力的好印象。

4. 发促销活动

微商团队长将好产品推荐给客户，分享价值。如果公司有促销活动，微商团队长可以给他们发送。

5. 点赞及评论

微商团队长要经常给陌生客户点赞，持续关注某个客户，这样就很容易被客户记住，提升好感度。切忌随意评论，更不能触犯禁忌。

某个伙伴发了一张自拍照，我们通过观察照片里面的细节，这样评论："你的耳环在哪里买的？我一直在找这样的精致耳环，能不能告诉我购买地址？"

（二）意向客户互动方式

意向客户的特点是有短暂互动与沟通，但处于观望状态。

对于意向客户，有以下几种互动方式。

1. 标签地址备注

我们在与意向客户聊天时，要用心收集对方的地址信息、相识日期和地点，并且学会为意向客户准备小礼品和惊喜。

2. 发生活关心

节日发祝福信息。天气变冷时，提醒意向客户添加衣物，让意向客户感受到我们的关心。

3. 发生活照片

微商团队长把个人生活照片配上一些逗趣的话发给意向客户，会取得良好的互动效果。

你把自己一张笑得特别灿烂的照片发送给意向客户，然后留言："看到我这张笑出腹肌的照片，你第一时间想到的是什么?"

4. 发宝宝照片

如果意向客户也是"宝妈"，我们与意向客户互动时可以发送自己孩子的照片，表明双方的共同点，这样能迅速拉近两人之间的距离。

5. 发旅行日记

微商团队长将旅行过程整理为旅行日记，与意向客户分享你的旅行感受。

6. 发客户案例

收集客户使用产品成功减肥的案例，分享给意向客户，让意向客户看到我们产品的真正价值。

（三）零售客户的服务方法

零售客户的特点是使用过产品，并对产品有一定了解。

对于零售客户，有以下五种服务方法。

1. 发产品知识

发送产品使用技巧和其他客户使用产品的感受，让零售客户对产品有进一步的了解。

2. 发瘦身知识

除了发产品知识之外，收集一些有关饮食、运动瘦身的知识发给零售客户。

3. 发护肤知识

很多零售客户都是女性，收集一些有关保湿、去除细纹和角质的小方法发送给零售客户。

4. 组群发红包

可以临时组建一个40人以内的群，然后在群内发红包，对平时没有及时互动的零售客户进行激活。

5. 发感谢信

手写一封信，记录与零售客户的交往经历，感谢他们对我们的支持，以加深客户印象，增加零售客户好感度。

（四）普通代理商服务方法

普通代理商的特点是刚刚加入团队，发展一般。

对于普通代理商，有以下五种服务方法。

1. 查三天前的朋友圈

微商团队长可以通过检查三天前普通代理商的朋友圈，以掌握他的动态，从而及时进行心理干预和纠正。

2. 一对一培训

可以通过语音、视频或电话对普通代理商进行培训，以帮助其成长。

3. 协助谈单

普通代理商成长的过程中，无论是寻找零售客户还是招募代理商，销售成交是最重要的。微商团队长要主动帮助经验少、能力不足的普通代理商谈单子，甚至当面帮助其成交。

4. 直接给客户

把我们的客户介绍给前期能力弱的普通代理商，从而使其树立信心，增强工作动力。

5. 记录普通代理商的成长过程

微商团队长应该用一个笔记本记录下普通代理商成长的每一个重要时刻，在某个时间点、某个场合把这份礼物送给普通代理商，让对方感受到我们的关心和团队的温暖。

（五）核心代理商的服务方法

核心代理商的特点是拥有下级代理商，关注团队管理与团队裂变。

对于核心代理商，有以下六种服务方法。

1. 给课件

微商团队长提前准备培训课件，排出课程表，帮助核心代理商更好地开展工作。

2. 给方法

微商团队长在某个具体工作中提供建议，帮助核心代理商更高效地解决问题，让他感受到上级的关爱。

3. 给荣誉

微商团队长要在团队内部多给核心代理商宣传和展示自己的机会，或者在公司的年会上给他们争取一些奖项或上台发言的机会，要在团队内部树立榜样。

4. 给关心

微商团队长要关心核心代理商的生活，为他们解决实际困难。

5. 给礼物

微商团队长可以购买一些礼物，以核心代理商的名义赠送给其长辈或者孩子。

6. 多见面

微商人的感情是聊出来的。线上沟通十次不如电话沟通一次，电话沟通十次不如线下见面一次。微商团队长要多创造与核心代理商见面的机会，增进与他们之间的感情。

第四节　朋友圈高频互动8个技巧

微商工作的重点就在于学会如何招募并培育代理商和客户，只有培育好了代理商和客户，才能做大团队，最终获得成功。

那么，刚添加的陌生好友和已有的好友，应该如何培育，使其成为你的代理商和客户？

最直接的方法就是通过朋友圈互动，而且是高频互动。

然而，很多微商团队长不知道如何在朋友圈发起互动，或者想互动却苦于没有素材，只好转发公司或上级提供的素材，当作完成任务。结果是素材发出去后，既没人评论，也没人点赞，打击了发朋友圈的热情。

要做到朋友圈高频互动，如图1－1所示，有以下几种方法。

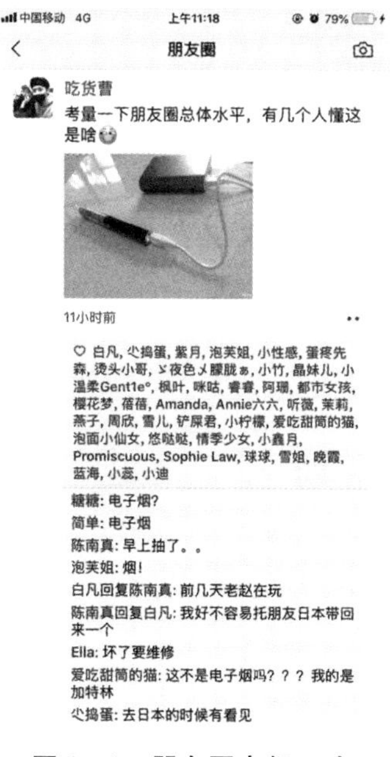

图1－1　朋友圈高频互动

一、疑问句式互动

你发布的任何一条信息，不管什么内容，都必须以疑问句结尾。你提问，话题又有趣，朋友们当然会参与互动。如果你以陈述句结尾，跟别人的距离就远了，自然没人与你互动。

案例一：

你发朋友圈写“今天开启日本之行的豪华游，买了个包包”，你的好友会觉得这没啥好评论的。但你写“今天开启日本之行的豪华游，我买了超喜欢的包包，你猜多少钱”，得到的回复立马是：1000 元、2000 元、3000 元、4000 元等。

案例二：

你发朋友圈写“日本游第二天，我吃了 3 碗豚骨拉面”，你的好友会觉得没什么好评论的。但如果你写“我吃了 3 碗豚骨拉面，厉害吗”，你的朋友圈的回复立马就成了：牛、厉害、服了、饭桶、大胃王……效果非常明显。

二、征集意见式互动

征集意见式互动，顾名思义，就是抛出问题，给出答案，让朋友圈路过的好友来互动作答。

最好的方式是直接给出选择：a 还是 b；或者认同 a 请点赞，认同 b 的请评论，如图 1-2、图 1-3 所示。

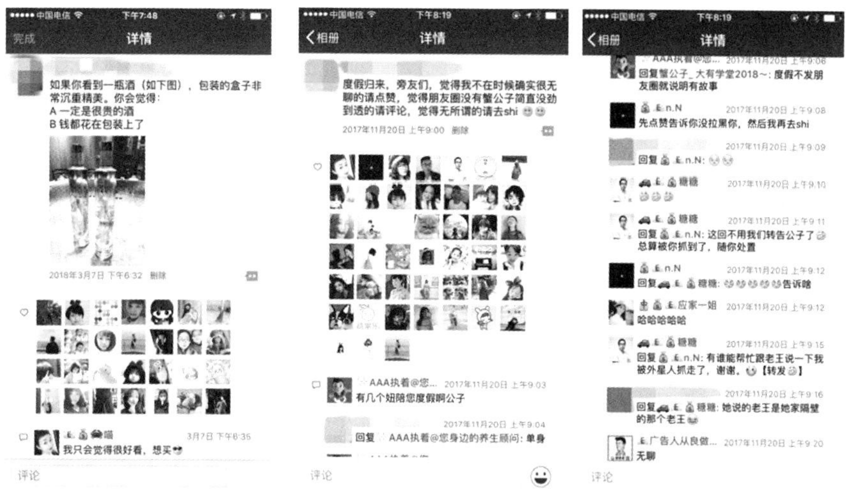

图1－2　征集意见式互动（一）　　　　图1－3　征集意见式互动（二）

三、询问求助式互动

微商团队长应该偶尔塑造一下自己的形象，发一些简单小问题，请求朋友圈好友的帮助，如图1－4、图1－5所示。

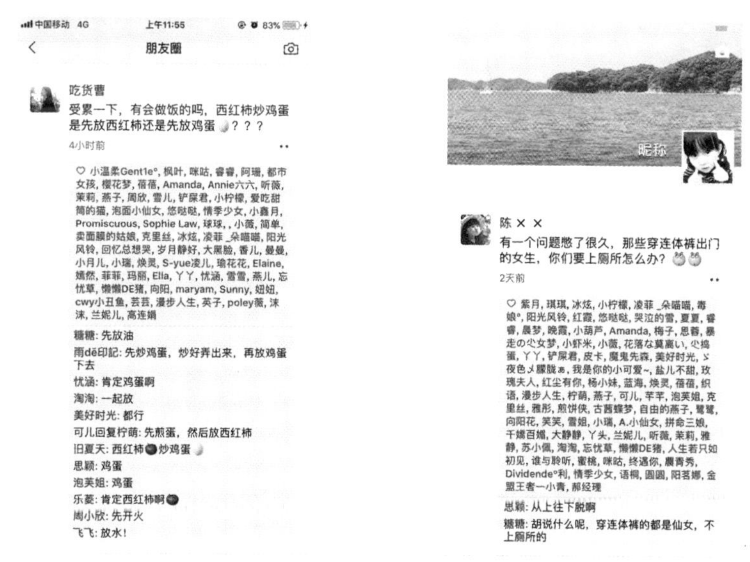

图1－4　询问求助式互动（一）　　　　图1－5　询问求助式互动（二）

四、比赛式互动

我和我妈比朋友圈点赞人数的数量，她的点赞人数已经达到66个，我虽然人没她美，但点赞人数一定要比她多！

配两张图，一张是老妈的照片，一张是她朋友圈66个点赞的图片。

在这个案例中，你可以把老妈这个人设换成其他人，比如罗品牌。

我和我们老大罗品牌比赛朋友圈点赞人数，他的点赞人数已经达到188个，我虽然赚钱没他多，但点赞人数一定要比他多！大家帮帮我，如果我赢了，点赞里逢“8”送红包！

你再配两张图，一张是罗品牌的照片，一张是他朋友圈188个点赞的图片。（比赛结果自定）

五、求赞式互动

微商团队长可以采用求赞式互动，如图1-6所示。

求赞式互动常用的见效快的搭配有以下三种。

1. 自黑+求赞

（配上你自拍的图片）觉得我不好看的可以点赞，不是我狂妄，我认为不会超过10个！

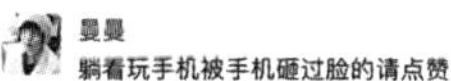

图 1－6 求赞式互动

（配上你做菜的图片）觉得不好吃的可以点赞，不是我狂妄，我认为不会超过 10 个！

（配上你使用自家产品的图片）觉得我家 × × 产品不好的可以点赞，不是我狂妄，我认为不会超过 10 个！

2. 共鸣＋求赞

常用格式：

× × × × ×，同意的请点赞！

× × × × ×，和我一样的请点赞！

躺着玩手机被砸到过脸的请点赞！

这种天气，和我一样不想起床的请点赞！

作为微商团队长，不知道开课猫的等于没做过微商，同意的请点赞！

3. 提问＋求赞

微信里有单身的吗？点个赞我统计一下。

大家都起床了吗？点个赞我看看。

还有没睡的人吗？点个赞我看看。

六、游戏式互动

微商团队长也可以进行游戏式互动，如图 1－7 所示。

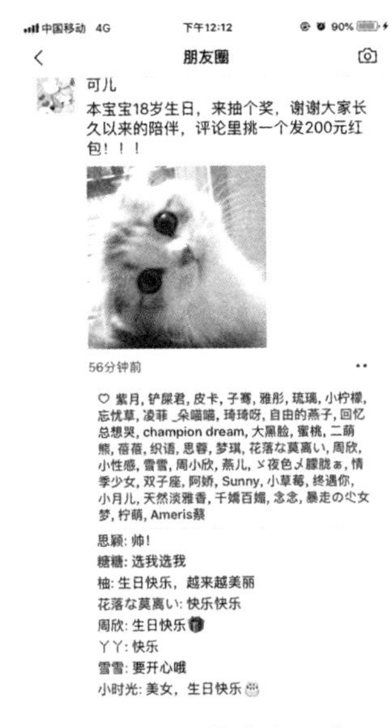

图 1－7　游戏式互动

小技巧：每次游戏规则都写明红包只发一个，如第一个评论的给红包，第一个点赞的给红包。实际发红包的时候视情况多发几个，就有人可以额外领到红包。

七、节日祝福式互动

采用节日祝福式互动，如图 1－8 所示。

微商团队长要注意的是不要祝福好友本人，而要祝福其家人，如孩子、父母、祖父母、外祖父母都可以。

例如，“三八妇女节”就祝天下所有妈妈节日快乐；情人节就说母亲

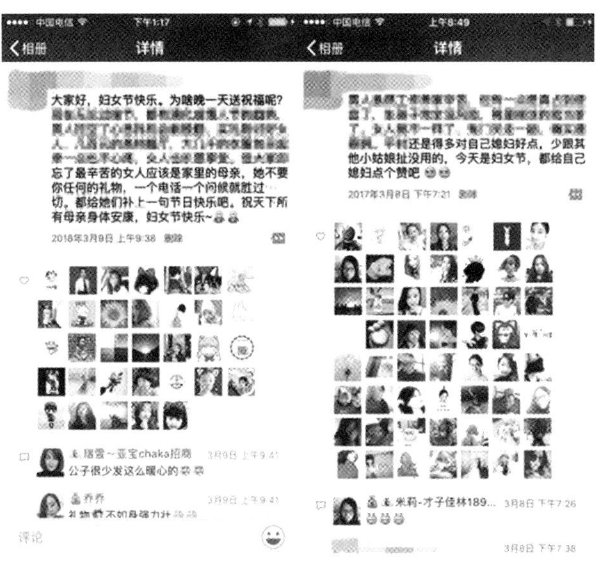

图1－8　节日祝福式互动

才是你最好的情人。

八、有奖竞猜式互动

比如，看图猜谜、成语填充，等等。

发朋友圈参考1（配上你和罗品牌或者××妹妹的合影）：
这是我和我朋友/妹妹，我俩长得像吗？
得到的回复是：像，不像，像你，像你妹……。
（参照互动方式一——疑问句式互动）
发朋友圈参考2（配上你和罗品牌的合影）：
猜猜我俩是什么关系，觉得是父子的请点赞，觉得是兄弟的请评论！
（参照互动方式二——征集意见式互动）

九、彩蛋：朋友圈互动效果最佳的 3 个时间段

早上 6 ： 30 ~ 7 ： 00。利用多数人早上醒来有先浏览手机的习惯，这个时间段适合发求赞类的朋友圈信息。

午餐和晚餐时间。利用有人就餐时刷手机的习惯，适合发美食类信息。

晚上 10 点半以后。把在网红美食店里胡吃海喝的视频发到朋友圈，能够有效提高互动率（吃得越诱惑，人越馋，评论越多）。朋友圈互动的次数决定我们与微信好友关系的强弱，决定意向代理商对我们的印象是否深刻，决定我们是否能够影响他，使其成为我们的代理商。

第五节　塑造代理朋友圈内容的 8 个方面

我们经常听到“发圈收钱”“发圈卖货”的说法，其实就是微商团队长通过打造自己的朋友圈内容，吸引朋友圈里有需求的微信好友成交产品或服务。这其中的销售秘诀就是必须先了解客户需求，根据客户需求做好朋友圈内容，这样才能吸引客户成交。

而作为微商团队长，角色的成长决定了其主要任务的转变：由售卖产品转为招聘代理商。

微商团队长应该如何招好代理商？首先，明晰代理商的需求——赚钱；其次，规划朋友圈内容，塑造朋友圈内容吸引代理商。

所以，想要吸引并招收代理商，朋友圈内容应该包括以下 8 个方面：收款图、个人真实生活、发货图文视频、培训、引流、代理商出货、代理商进步和感恩的截图、品牌产品。

一、收款图

1. 晒收款图的重要性

无论卖什么产品，做什么品牌，最重要的就是告诉意向代理商，这个产品或品牌是有价值和潜力的。通过晒收款图直截了当地展现出我们的产品每天都在赚钱这一信息，刺激意向代理商的欲望。

收款图是实物证据。要相信，你口才再好，也不如一张收款图能直接证明产品、团队和品牌的价值。通过晒收款图，能够更直接、更快速地影响意向代理商，迅速提升意向代理商对产品、团队和品牌的信任。

2. 收集收款图素材

收款图作为朋友圈的重要素材，我们平时就要注意收集，包括代理商补货图、代理商升级，将其同步到朋友圈。如果刚入行的新人没有这么多收款图，就要借助朋友的力量，将自身的影响力在朋友圈塑造起来。

通过晒收款图这一举动还可以打消意向代理商的顾虑，同时坚定已有代理商的信念，从心理层面给代理商树立信心。

二、个人真实生活

把微商融入生活，把生活融入微商，微商团队长应多在朋友圈展示你的个人生活状态。

可以发真实的生活场景信息，比如我们去什么地方学习、旅游，或与家人、朋友、代理商聚会。这些内容原则上必须真人出镜，通过图片或者视频，展现享受生活的真实场景，向意向代理商传达真实感。

同时，还可以发一些时下热门的励志、有趣、搞笑、有创意的内容，让朋友圈内容更加丰富有趣，也为意向代理商树立一个生活榜样。

三、发货图文视频

目前绝大部分微商品牌是以销售产品为主，货物的囤积会让一些代理商感到焦虑。这时，微商团队长要想办法打消代理商的顾虑。

微商团队长可以拍下每天出货的场景，这种真实的场景会帮助微商团队长增强在代理商心中的信任感，正所谓“有货的才是真正的微商团队长，没货的都是要流氓”。

四、培训

1. 培训的重要性

在旧微商时代，有一个明显的问题：过于注重对代理商的心理鼓励，俗称“打鸡血”。如果对能够帮助代理商提升销量的技巧一窍不通，一味地给代理商宣传未来愿景，引导代理商买房买车，无异于画饼充饥。

新微商不同于旧微商的一点就是，更多的微商品牌和团队开始重视培训，由公司出资给代理商培训，以促进代理商成长。所以，能不能定期获得培训机会也成为意向代理商是否愿意加入某个团队的重要因素。微商团队长应经常在朋友圈分享培训内容，解答意向代理商心中的疑问，展示公司的实力。

2. 怎么做培训

我们在朋友圈发培训内容，目的是让意向代理商和代理商知道我们是实干派，我们的培训虽然也有“打气”“鼓励”等内容，但更多的是实在的、行之有效的方法。

一个团队有不同的级别，不同的级别对应不同的课程。

新人级别，我们有 7 天新人培训。

中低级别，我们有对应的动销课程。

高级级别，我们有管理课程。

微商团队长要通过朋友圈展示团队的培训内容、培训流程、培训系统等，把这些实在的内容传递给意向代理商和代理商，让他们看到自己在团队成长的可能性。

五、引流

微商团队长做了引流活动后，要积极发朋友圈进行宣传，必须将做引流活动这件事表现出来，利用事实，结合营销的手段，达到造势的目的。

今天做了一个引流活动，通过赠送礼品加了很多人的微信，那么我们就要及时把这些加的人的截图发出来，目的是告诉意向代理商和代理商，我们的这个引流方法非常接地气，以此制造氛围，证明产品的火爆性和活动的可行性。

六、代理商出货

微商团队长要通过朋友圈内容，让意向代理商产生行动欲望，让代理商产生竞争欲望。

微商团队长的朋友圈可以发类似“××代理商卖货了、赚钱了、招到代理商了”的内容。团队中的其他意向代理商和代理商看到这些内容，心里会想：“别人都行，为什么我不行？别人那么努力，我只要努力，也可以卖货，也可以赚钱。”

七、代理商进步和感恩的截图

对代理群内善于主动分享自己收获的代理商，微商团队长要及时回应，当众鼓励发言。一方面支持发言者继续坚持群内沟通；另一方面鼓励其他还不愿意主动沟通的代理商融入进来。

对那些表现出色的代理商，微商团队长要主动在群内公开表扬，比如表扬他学习积极努力，善于思考；表扬他愿意付出，经常做分享；表扬他敢于拿货，敢于补货，敢于升级。

微商团队长将表扬代理商的内容截图发到朋友圈，会有很强的激励作用，激发代理商的归属感和荣誉感，给其他代理商树立标杆。

微商团队长也可以发一些代理商感恩的截图，以体现我们自身领导者的形象。

八、品牌产品

1. 朋友圈发品牌产品的思路

上述几点主要是从解决意向代理商的顾虑入手，微商团队长必须布局朋友圈内容，才能更好地招到代理商。但是，塑造代理商朋友圈的关键在于发品牌和产品，团队每个级别的代理商都要发。最基础的内容，产品才是根本。内容主要包括：产品的介绍、产品的使用反馈、客户见证、产品使用前后对比图，发工厂实力、品牌实力背书等。

2. 坚定发朋友圈信念的重要性

通过发朋友圈来体现价值不是一蹴而就的事情，想要水到渠成，必须每天坚持。有一句话是这样说的：“你在我的朋友圈只有两种选择，要么你删了我，要么你跟我做代理。”微商团队长内心要有这样的信念。

这就是我们做微商、做品牌、做团队领袖的魄力和决心，我不管你买不买，我就按自己的信念和思路去发朋友圈。作为微商团队长，想壮大自己的团队，就要把每一个代理商激活，让其不断成长。我们要把他从一个成交额几百元的小代理商发展为成交额几千元、几万元甚至几十万元的大代理商。因此，我们要做的就是持续成交，只有微商团队长升的级别高，站的位置高，利润足够大，格局足够大，你下面的代理商的动力和压力才足够大，代理商才能干得久，干得起劲。

第六节 做好这一点，成为朋友圈的意见领袖

微信朋友圈是微商团队长影响微信好友的第一步，让人产生购买欲望甚至成为你的代理商，最基础的部分都是在朋友圈完成。要想通过朋友圈影响微信好友，你需要成为朋友圈的里的意见领袖。

成为意见领袖，不能光喊口号，不能光凭头衔，你得有实在的干货，并且让别人感受到你能让他获益。要成为朋友圈的意见领袖，你需要做的第一件事情就是学会分享，并且坚持分享，而且要在多平台、多渠道分享。

为什么要学会分享？原因有以下几点。

（1）分享能够让人认识你。

（2）分享能够让人了解你。

（3）分享能够让人认可你。

（4）分享能够让人信服你。

一、微商团队长如何成为朋友圈的意见领袖

朋友圈的意见领袖发朋友圈有以下两个特点：

（1）他们发朋友圈比较有规律，有一定的时间段；

（2）他们有擅长的领域，会经常针对这个领域发朋友圈，有自己独特的观点。

微商团队长怎么发朋友圈才有机会成为朋友圈的意见领袖？必须在自己拥有很多粉丝、赚很多钱以后才有机会成为朋友圈的意见领袖吗？其实，我们每个人都有可能成为朋友圈的意见领袖，成为朋友圈特定话题的创造者、引领者和传播者。

记住，是特定话题，这个话题一定是你擅长的话题，因为朋友圈是一

个开放的圈子，再小的个体也有自己的专长。

成为朋友圈的意见领袖的前提条件是什么？具体有以下几点。

第一点：专业的技能。

第二点：专业的知识。

第三点：专业的话题。

在这里，特别要强调“专业”两个字，因为只有在某一领域拥有专业的技能、知识、话题的人，才有机会成为朋友圈的意见领袖。

很多人会说自己没有特长，没有专业的技能。其实，你只是没有把你的特长挖掘出来。举个例子，我的朋友圈里有一个女生，她经常说自己一无是处，每天除了上班就是逛淘宝网店和线下商场购物。你跟她说啥她都觉得没意思，但一说到购物她就停不下来。这不就是典型的淘达人吗？她懂得很多购物技巧，知道在哪里能买到物美价廉的产品，什么时间买最优惠，什么时间能够抢到优惠券等，她就是这方面的专家。

“双十一”的时候，我就建议她有意识地整理自己的购物攻略，每天尝试通过朋友圈分享她的购物经验，很快她就靠这个技能吸引了很多粉丝，每天都有人添加她为好友。后来，她还开了课，专门教别人如何玩转购物，逐渐成为购物话题的引领者。

成为朋友圈的意见领袖有以下三个步骤。

第一步，是挖掘你的专长。

你首先要问自己：“我对什么话题比较有好感？”回忆一下，平时生活中别人跟你说什么的时候你最兴奋，哪个领域你最有话语权，哪个领域你比别人懂得更多。这一点特别重要，直接检验你的专业程度。

第二步，是进行专业优势的定位。

怎么定位？还是要回到对基本问题的思考。你要问自己：“我是谁，我做过什么？我的特长是什么？我取得了哪些成绩？”

如果你真的喜欢某个领域，就应该在你觉得自己不够专业的时候，主动花时间增长技能，让自己具备成为这个领域的意见领袖的能力。如果你只是喜欢，却不愿意花时间成长，那么你成为这个领域的意见领袖的可能性就微乎其微。

第三步，是坚持做规范的内容输出。

选择你擅长的领域，强化你的看法和经验，将自己发展成为这方面的意见领袖，这条路很漫长，但是如果你想有一定的影响力，你就必须下功夫。

我的朋友圈里有一位摄影达人。他的头像就是一张他拿着照相机摆拍的照片，昵称也是摄影师，他的相册就是自己拍的摄影作品，他的朋友圈是各种养眼的图片及文案，他还经常在朋友圈教大家怎么选角度拍照，怎么修图。只要你用心去看他的朋友圈，就能学到很多摄影技巧。

他逐渐在朋友圈里成为摄影方面的意见领袖，越来越多的人主动添加他为好友，想跟他学摄影。

二、敢于多渠道分享，扩大个人影响力

我们想要获得更多的优质粉丝，光靠在朋友圈做分享是远远不够的，有局限性，所以我们还要把注意力放到其他地方，也就是多渠道分享。

做互联网产品的朋友或许知道最小化可行性产品，就是说，我们在做分享的时候，不是说等你做好一套完整的东西再去分享，而是你可以从最小的形式去做分享。比如，先分享一两句心得，再分享一段文章和一个课程，最后尝试进行一场演讲，写一本书，等等。

作为微商团队长，要勇于分享，多做分享。不要总是想着等我准备好了再去分享。机遇稍纵即逝，没有什么会在原地等你。等你准备好了，这个时代都变了。

那么，微商团队长应该如何进行分享？主要有以下几点。

1. 设计分享主题

设计分享主题至少要从两个角度出发。

第一个是从自我的角度出发，也就是说，你擅长讲什么主题。你有什么特长，做出过哪些突出的成绩，能给别人提供哪些有价值的东西，等等。

第二个是从用户的角度出发，也就是说，你要了解你面对的是什么群体，他们对什么样的话题有需求。来听你分享的人，他们年龄多大，性别比例是怎样的，他们的行业分布是怎样的，他们的需求是低频还是高频，

是不是刚需，这些问题都是值得我们去思考的。

在选择分享主题的时候，如果只考虑自己不考虑用户的话，别人就会认为你是在自娱自乐，而不是在做对别人有价值的分享。分享必须迎合用户的需求，让用户得到你的分享之后觉得有启发，能够用得上，甚至能够复制你的方法，并且产生比较好的效果。

2. 找到舞台和听众

接下来就是去找舞台和观众。

怎么找？有以下三个方向。

第一个是你可以自建渠道和平台。比如，自己建群，但这个比较难操作，刚开始起步的微商团队长如果没有累积到一定数量的粉丝，很难搞定这个事情。

第二个是借助现有平台。现在互联网上有很多平台可以进行分享，比如喜马拉雅、荔枝微课、抖音等，可以在里面讲课。

需要特别提醒的是，现在平台有很多，你需要选择一个适合自己的平台，你要先把这个平台玩转。每个平台的特点不一样，规则也不一样，最好的办法就是你先尝试着玩，逐步摸清这个平台的玩法，再考虑尝试其他平台。如果你这个平台搞一下，那个平台搞一下，换来换去，哪个平台都没有玩转，仍然是没有解决流量的问题。

第三个是你可以借助别人的渠道。比如，去别人的社群里做分享。首先你得认识这个群的群主或者管理员，跟他搞好关系，努力获得分享的机会。其实，很多社群都需要内容输出，如果你有内容，他们也会很乐意让你分享。借助别人的渠道，这是一个非常好的方式，能够帮助你吸收粉丝，提高你的知名度。

3. 做好分享流程

（1）做好准备。

（2）提前通知。

（3）课前暖场。

（4）介绍嘉宾。

（5）话题引入。

（6）现场直播。

（7）及时控场。

（8）总结并记录分享前要准备好的各种材料，比如课件、图片、预备方案、应急方案等。提前通知群员来听课，这个通知也有一些要求，一般会通知2～3次，如果你是周五晚上分享，那么就可以周三通知一次，周五白天通知一次，周五晚上课前再通知一次。还有一种更好的方式，就是私信进行通知，这样就能够保证群员的出勤率。

在正式分享之前要有一个课前暖场过程，要有人带动气氛，引入话题，然后主持人出场说今天讲什么内容，有什么环节，让群员觉得这是一个有组织、有秩序的活动。在嘉宾出场前，主持人还应该介绍一下嘉宾是谁，他有什么成绩等。

在你分享的时候，可能会出现一些麻烦，比如有人捣乱，这就需要及时控场，不管是直播平台还是微信社群都有一些措施，可以把捣乱者禁言或将其拉黑，删除他的恶意攻击言论等。如果没有人及时控场，可能会影响其他群员听课的情绪。

分享完也不是就完事了，最后还要总结并记录，把这次分享的内容整理出来。这样做，除了方便你进行后期的复盘和改进之外，更重要的是让别人知道你做了什么。你的分享结果可以进行可视化，展示出来让别人看到。不然的话，你的分享只有现场的人知道，影响范围有限。

如果你的分享令人觉得有价值，还怕别人不主动靠近你吗？只要你长期做下去，就能够逐渐扩大你的影响力，会有越来越多的人听你讲课。越懂得分享、越擅长分享的人，他的成长也就越快。所以，微商团队长应该利用各种机会去做分享。

当你分享的时候，你就站在舞台最核心的地方，就是别人目光聚焦的地方。如果你一直待在台下，别人是不可能认识你的，所以不要怕出错，不要怕没有观众。不敢讲你就永远不会讲，讲多了就顺了。

就算没有听众，你也应该去做分享，把你懂的东西整理出来多练习，讲顺了，下次对别人讲的时候，就能够表达得更通顺一些。

有人说分享是会让人上瘾的，我很认同这句话，因为好处真的太多了。作为一个微商团队长，当你能够熟练讲课，你在团队中的影响力就会逐渐扩大，别人就会认可你，变成你的粉丝，进而转变成你的代理商。

第二章

微商团队长如何制作引人注目的发圈素材

第一节　朋友圈文案写作的四大思维

我们都知道，文案对于互联网销售极其重要，对于微商团队长而言，更是一门必修的高阶课程，是赚钱的利器。但是，文案功底本身是需要积累和学习的，就像画画、唱歌需要练习一样，也需要一些天赋。绝大多数微商团队长写作文案的水平不高，也苦于没有好的办法快速提高文案写作能力。

但是，凡事皆有门径和技术。文案写作既然是一门技巧，就一定有方法和工具。

学开车之前，很多人都认为开车很难，尤其是倒车入库。但是，学的时候，教练会告诉你，当你倒车到哪个位置的时候，看哪个点，参照哪个物体或车身的方位，然后打方向盘一圈或一圈半。事实上，只要你按照教练的方法去执行，一定能顺利把车倒进去，多加练习之后，你就彻底掌握了这门技巧。学习文案写作跟学开车是一样的道理。

罗品牌认为，文案写作主要有四大思维，以及相关的方法和工具。掌握了这些，就可以短期内提高文案写作水平。

一、大框架思维

品牌方要写产品文案、品牌文案，代理商要写朋友圈文案、群发文案等。怎么写？往哪个方面写？写什么东西？

这时，我们必须先在脑海中构建一个框架，然后往这个框架里填写内容。

框架如何定？一个思维公式迅速搭建框架，那就是：核心价值 + 表达方式。

什么是核心价值？一个错误的认知是核心价值是产品的卖点，例如某种专利技术、某种名贵成分、某些先进工艺。但卖力推销这些其实没有用处，因为微商永远不缺好产品。

核心价值一定是回归用户本身，激发客户的欲望。有了欲望，客户才会咨询、成交，甚至成为代理商。

众所周知，文案就是广告，广告发出去是要收钱的。

每一个文案的终极目的就是让客户掏钱，所以，每一个文案一定要有核心价值，再用新奇独特的方式去表达和传递。

我们观察以下经典文案，一定是有核心价值点的，加上它新奇独特的表达方式，足以打动客户，让客户自觉掏钱。

案例一：

某个微商护肤品的文案：

上联：兰蔻、娇兰、香奈儿，吸收不了都白抹

下联：迪奥、古驰、普拉达，皮肤不好全白搭

横批：试试××品牌

这个文案的核心价值就是好皮肤的重要性和选择一款好护肤品的重要性，用的是传统的对联写作方式，十分新颖。

二、原理性思维

第一条公式：用户行动＝动机力量－障碍力量。

我们愿意花钱买某样东西，都会有一个行为动机。这个动机包括众多方面，比如样式美观、价格实惠、使用方便，等等。不管怎样，只有动机力量足够，人们才会愿意购买。

相反，如果我们不愿意花钱买某样东西，一方面是因为动机不够，比如产品不够好、服务不够满意、不够便宜等；另一方面就是产生了障碍力量，比如携带不方便、没有赠品、不打折、不包邮等。当障碍力量超过了动机力量，用户就不会购买。

所以，微商团队长要知道，用户行动和行动的速度取决于你能给予客户多少动机力量，减少了客户多少障碍力量。

第二条公式：用户行动 = 用户痛点 + 用户爽点。

动机，即痛点和爽点，就是逃避痛苦和追求快乐，这是人的天性。所以，微商团队长经常会在各种成交课程里面听到这样的方法，教你如何找到和放大客户的痛点，引导客户拥有使用服务和产品之后那种快乐的感觉，奥秘就在这里。

为什么要买护肤品？因为皮肤不好，缺水，长斑，看上去显老，不漂亮，让女人失去魅力，这是用户痛点。买护肤品可以让皮肤更好，更白，更美，看上去更年轻，更有魅力，让人更快乐，这是用户爽点。

所以，好的文案无疑应该从用户的痛点和爽点入手写作。

三、用户思维

用户思维，即以用户为中心，从用户的角度出发考虑问题。微商团队长在写文案时要遵循用户思维，避免出现自己写得神采飞扬，客户却不屑一顾的情况。

假设要推广一个价格为 399 元的榨汁机，文案要怎么写？

普通大众版：给大家介绍一款功能极佳的榨汁机，你肯定会喜欢。它有三种模式，适用于所有你能见到的果蔬……拥有 × 项专利技术，和市面上其他榨汁机相比，90% 的年轻人喜欢这款榨汁机……

失败原因：拿客户不感兴趣或完全不懂的卖点吸引客户。

如何按照用户思维去写文案？

首先，弄清楚目标人群。很明显，这个产品针对的是特别注重生活品质和饮食健康且超爱喝自制果蔬汁的群体。这群客户想要的核心价值是什么？是一台功能很全的榨汁机吗？不是，他们想要的是榨汁机带给他们的好处。

四、包装思维

包装思维，即运用各种方法，让你的产品和服务符合客户的需求。

还是用上面榨汁机的例子，你在文案里写榨汁机有多少种功能，有多少项专利技术，但是，市场上具备同样功能的榨汁机还少吗？客户凭什么买你这款？

如果你善于运用包装思维，懂得把你的产品包装成客户需要的，你的写作思路应该是这样的：客户看到自己喝了自制的果蔬汁，越来越苗条，皮肤越来越白皙，越来越多的异性主动接近自己……你要让客户的每一个细胞都告诉自己，想要你的榨汁机……

来看优化版本文案：

你可以用各种方式给自己带来健康。

但是哪一种方式能比一台小巧的榨汁机让你更快获得健康？

哪一种方式能让你以更快的速度摆脱面色暗黄、疲惫不堪的每一天？

只需三分钟，甘美可口、营养丰富的果蔬汁就会沁人心脾，使你由内而外变得光鲜亮丽。

你的同性朋友会投来羡慕嫉妒的目光，抢着询问你是怎样让自己变得这么白的。

当然，也有一个缺点，那就是可能你从此需要开始应对异性对你无穷无尽的搭讪。

不过我想你是不会介意的。

其实，写营销文案就像炒菜一样，如果你知道菜该怎么炒，问题会变得很简单。如果你不知道，那么你看着面前的案板、菜刀、炒锅、木铲、煤气灶……就会一筹莫展。

以上内容便是创作营销型文案的四种思维：大框架思维、原理性思维、用户思维、包装思维。拿到一个选题，你要运用这四种思维，明确思路，文案的大纲就基本形成了。

第二节 8个朋友圈文案模板抓住客户注意力

朋友圈是微商的媒体，朋友圈文案是展现个人品牌的广告。那么，一个专业微商团队长的朋友圈文案应该怎么写？

朋友圈文案如图2-1所示，这里从不同角度来讲述文案模板的应用。

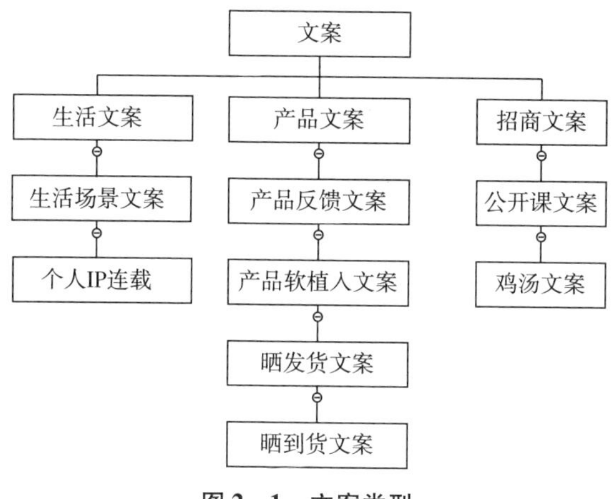

图2-1 文案类型

一、生活文案

写作原则：发现并加工生活里的每一处细节，让它显得有趣、生动。

表现手法：用VUE拍个小视频，做3~4个场景，配上音乐。

微商团队长必须把自己的生活暴露在朋友圈里，构建一个真实的场景。真实才能打动人，别惧怕展现你的真实生活。

微商团队长的生活其实跟大部分人差不多，没有太多的波澜壮阔。你的生活是什么样的，你遇到的、看到的、听到的是什么，你就可以拍什么。当然，必须有所选择，比如拍那些积极向上的、友爱互助的、学习工作的场景。总之，以热爱生活、传播正能量为原则。

原文如图 2－2 所示。

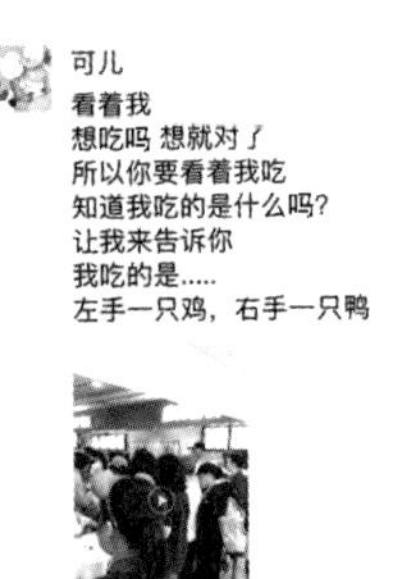

图 2－2　生活文案

修改后的文案如下：

“深夜放毒”
夜里十二点
我知道你还没睡
有点饿
所以我出来“放毒”
左手一只鸡
右手一只鸭
跟着我左手右手一个慢动作
你有没有爱上我
听说半夜不睡觉的小仙女
点个赞会变得更美
逢 6 就发红包
一路 666

点评：原文 70 分，修改后 95 分。

分析：

（1）互动性。

原文缺乏互动性。半夜不睡觉的 20～30 岁的女性，恰好是潜在护肤品客户，修改后的文案通过活动挖掘出活跃分子，促使其消费。

（2）场景化设计。

原文缺乏场景化设计。修改后的文案强化半夜不睡觉容易饿的场景，让看到的用户在最短时间内迅速进入状态，充分利用条件反射的原理去刺激用户。

（3）行为和物质刺激。

原文缺乏物质刺激。半夜吃鸡腿的行为虽然在一定程度上可以刺激用户做出回应（会让用户感觉自己饿了），但不能确保用户对你的行为做出回应，修改后的文案采用物质刺激（发红包）引导用户进一步做出动作（点赞）。

二、个人 IP 连载

写作原则：记录日常生活，把自己的生活状态曝光在用户面前，满足用户的好奇心。

每个人都会有自己的故事，分享独特的经历，记录下创业心得和行动，更加符合中国人传统印象里的“勤劳致富”概念。

表现手法：只采用视频方式。每天拍一个 10 秒小视频，配上当天的感悟。

微商最有价值的就是你个人的 IP。明星代言只是锦上添花，不要过于期待明星效应。只有打造出受客户信任的个人 IP，才能将产品卖得更好。

原文如图 2－3 所示。

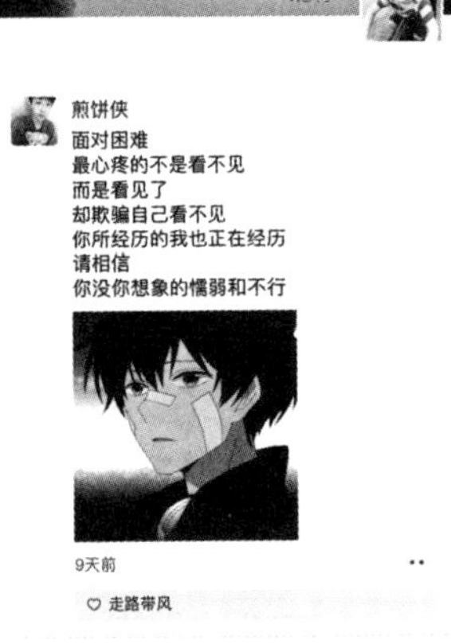

图 2－3　个人 IP 连载

修改后的文案如下：

“婧婧创业记－19”
这是我坚持记录的第 19 天
看似容易的事情做起来并不轻松
我越来越喜欢真实的自己
朋友问我努力和拼尽全力有什么区别
区别就是
当你努力的时候
你会觉得自己拼尽全力
当你拼尽全力的时候
还觉得自己不够努力
只有拼尽全力的人才会点赞

点评：原文 75 分，修改后 95 分。

分析：

（1）情感表露。

原文情感表露不够深入，没有将小微商创业困难重重的情绪表露出来。

（2）寻找认同感。

原文缺乏认同感。互动设计的目的是寻找类似的微商创业者，找到大家的共性，拉近距离，修改后的文案体现了这一点。

（3）解读数字表达的意义。

原文并没有强调数字的作用。修改后的文案通过对数字的解读表达个人积极奋斗的行为，使其看起来更真实，更加符合大众价值观。

三、产品反馈文案

写作原则：由客户反馈产品，切忌“王婆卖瓜，自卖自夸”，微商要学会借助反馈图来挖掘背后的故事，深挖客户心理。

原文如图 2－4 所示。

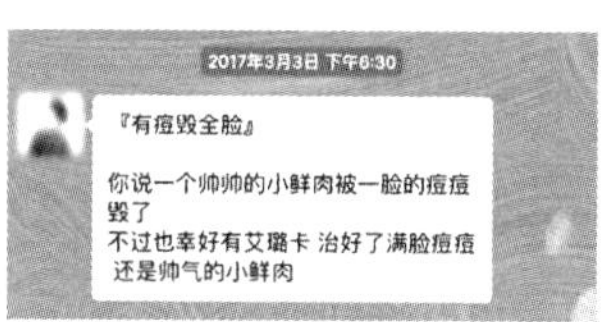

图 2－4　原产品反馈文案

修改后的文案如图 2－5 所示。

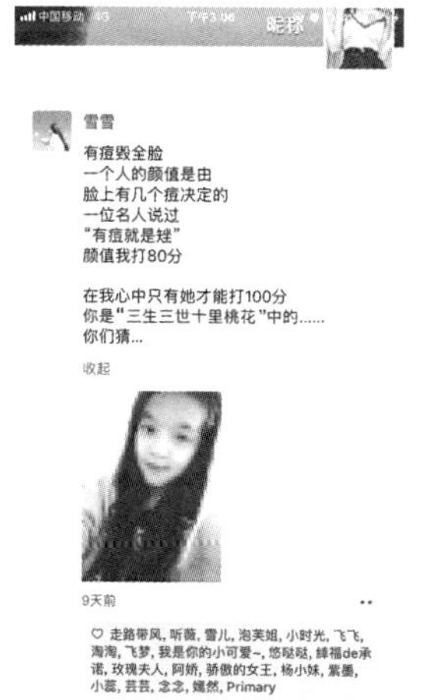

图 2－5　修改后的产品反馈文案

点评：原文 65 分，修改后 95 分。

分析：客户最反感的就是自卖自夸，这样做会让客户产生抵触情绪。修改版的优点如下：

（1）标题直指客户痛点。

这是第一重攻击。有痘的人最在意的就是脸，一个很小的痘都能使其紧张不已，觉得天塌了，毁容了，没脸见人了，不敢出门。攻击客户痛点——“有痘毁全脸”。

（2）颜值 = 痘。

第二重攻击。扭曲了常规逻辑，偷换概念。将“一个人的颜值是由长相决定的”偷换成“一个人的颜值是由痘的数量决定的”。但对于有痘的人来说，这句话绝对是“真理”。

（3）抓住客户心理。

第三重攻击。某位名人说：“有痘就是矬。”一个“矬”字非常形象地描述了有痘用户的心理特征：有痘低人一等。

连续三重攻击直指用户痛点，强化有痘影响颜值的印象。

（4）植入广告。

植入广告没有详细说明产品功效，原因在于：首先，痘痘成因很复杂，很难通过几行文字讲清楚；其次，太生硬插入不如设置诱饵，通过私聊来阐述产品功效。

（5）借势。

借助大热剧《三生三世十里桃花》，引出大家共同关注的热点，即颜值。说话留一半，设计互动环节，制造机会与陌生用户接触。

这条文案抓住了 3 个要点，“有痘毁全脸 + 颜值是由痘决定的 + 有痘就是矬”，可谓是紧扣用户心理，了解用户需求。

四、产品软植入文案

写作原则：把产品软性植入生活场景里。微商的最佳广告方式与生活分不开。处处有生活，处处有广告。

原文如图 2 –6 所示。

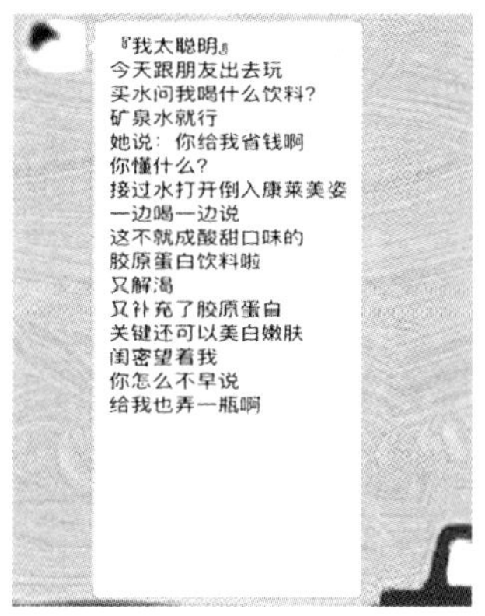

图 2-6　产品软植入文案

修改后的文案如下：

“自制美容饮料”
今天我跟朋友出去玩
问我喝什么水
我只要矿泉水
因为我要自制胶原蛋白饮料
第一步：你得有 1 支 ×××（某品牌）胶原蛋白
第二步：倒入矿泉水摇晃 30 秒
第三步：喝
因为我们出去逛街容易被晒黑晒伤
而胶原蛋白可以分解黑色素
修复被太阳晒伤的真皮层
朋友问我最近经历了什么
我让她看我的脸
她居然说我早上没洗脸
皮肤比你显得白没看见

点评：原文 80 分，修改后 95 分。
分析：

（1）标题表达应妥当。

修改前，标题强调的是自身利益。

修改后，“自制美容饮料”吸引一部分爱美的人关注，戳中大家的共同利益。

区别在于利益点转移。

（2）设计流程，让用户思维跟着走。

原文指向性并不明确，调整后设置 3 个步骤，体现自制动手的过程。

（3）巧妙植入产品功效。

原文没有在场景下植入产品功效，修改后的文案增加了这一点。

（4）讲效果。

原文没有巧妙利用人性的比较心理。修改版不仅做到了，还说出了产品的使用效果。

五、晒发货文案

写作原则：用多维角度解读发货图。赤裸裸地晒图有点挑战大众的认知，避开雷区，不做任何违背大众价值观的事情。

原文如图 2－7 所示。

图 2－7　原晒发货文案

修改后的方案如下：

A 版本如图 2－8 所示。

图 2－8　修改后晒发货文案（A 版本）

B 版本如下：

“你不知道的打包方式”
每次我都不喜欢打包
因为很容易弄伤指甲
于是我发明了
一种不伤指甲的打包方式
还特别节省时间和力气
方法就是
让我母后帮我打包

点评：原文 30 分，修改后 90 分。

分析：

（1）A 版本自黑，挑战大众价值观。

很多客户非常反感炫富的行为，A 版本的宣传效果不好。

（2）B 版本利用自黑获取关注，提升客户好感度。

（3）迎合大众认知，切忌一味强调自身利益。

B 版本明明是发货晒成果，却从使指甲不受伤的新打包方式切入，最后反常规情节。通常的理解是根据标题来看，正文会讲一个新的打包的方式，谁料最后剧情反转，说让她妈来打包，自己就不伤指甲了。

A 版本和 B 版本都需要遵循一个原则：不挑战大众认知。

六、晒到货文案

写作原则：不挑战大众认知。

原文如图 2－9 所示。

图 2－9　晒到货文案

修改后的文案如下：

“你见过2亿元吗？”
反正我没见过
价值2亿元的几千箱货
大车拉了几十车
我就想问一个问题
这么多货里面
哪一箱是我的

点评：原文30分，修改后90分。

分析：

挑战大众认知。

货物价值与大众没有价值联系，触犯雷区。

经过修改后，抓住物流进展，符合普通人的心理预期。

从与你无关的事情（看热闹）变成与你有关的事情，利益点发生了转移，并且逻辑更加符合大众认知。

七、公开课文案

写作原则：使用肯定性语句，采用对比手法突出表达效果。

原文如图2－10所示。

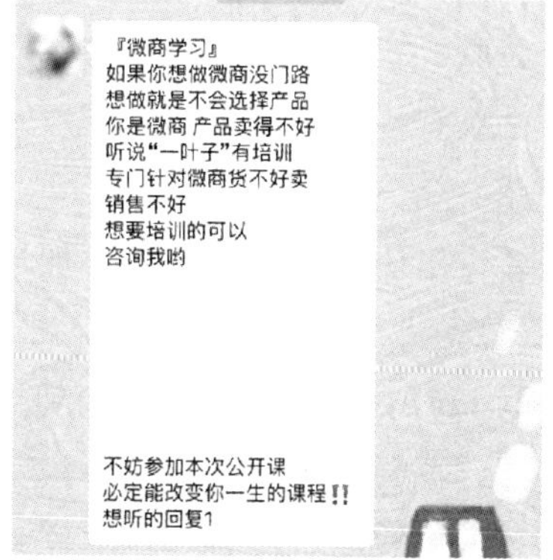
『微商学习』
如果你想做微商没门路
想做就是不会选择产品
你是微商 产品卖得不好
听说“一叶子”有培训
专门针对微商货不好卖
销售不好
想要培训的可以
咨询我哟

不妨参加本次公开课
必定能改变你一生的课程!!
想听的回复1

图2－10 公开课文案

备注：这条文案是发在朋友圈的，并非群发。

修改后的文案如下：

"学习不刻苦不如……"
我的老师曾说过
学习不刻苦
不如回宿舍"斗地主"
干哪行当然要爱哪行
你卖得不好
肯定是方法不对
就得重新学习
你听了那么多培训还没干起来
是因为你从未听过"一叶子"的课
听完你会觉得
为什么不早说
凡是点赞的都会获得
本次课程的内容简版哟

点评：原文65分，修改后90分。

分析：

（1）从客户角度思考问题。

原文没有换位思考，从客户利益点出发考虑问题。

修改后，做了一个关联：卖得不好——方法不对——重新学习。在暗示一个观点：做得不好是没有接受好的训练方法。

（2）通过互动挖掘潜在客户。

原文中，客户不需要付出任何劳动就可以参加培训，这个时候客户往往对此不重视。

修改后设置了门槛，需要点赞才能获得简版内容，而不是正式版内容。

通过主动给点赞的客户发放简版内容，建立联系，通过聊天发掘客户需求，进而让客户听课，后期转化为忠诚客户。

再看一个公开课文案修改前后的对比。

原文如图 2－11 所示。

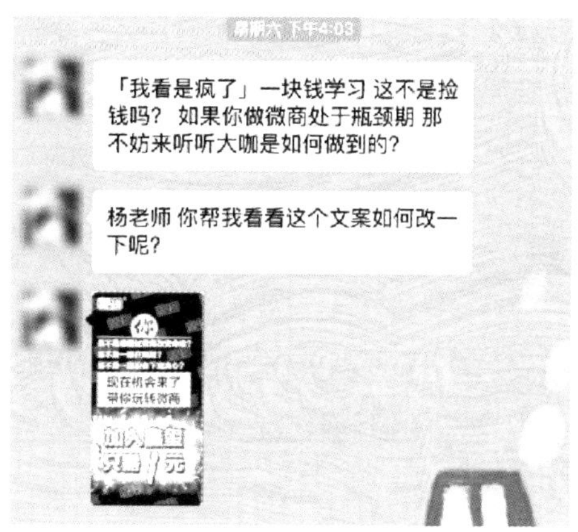

图 2－11 公开课文案

修改后的文案如下：

“1 元钱能买什么？”
雪糕 2 元
肉夹馍 3.5 元
卤肉饭 9 元
1 元钱好像只能坐公交
太不经花了
但是我有个办法
让 1 元钱花得值
听成功人士讲述如何从 0 开始创业
你会少走很多弯路

点评：原文 60 分，修改后 90 分。

分析：

（1）通过对比突出效果。

原文语言空洞，无法吸引客户关注。修改后的文案更加生动具体，从人们日常零钱花销着手，通过对比突出 1 元钱所能产生的最大价值，以达到宣传效果。

（2）满足客户需求，为客户创业提供借鉴。

每个人都渴望成功，但成功的人都要经历磨炼，听取成功人士的经验，在自己创业的道路上会少走弯路，修改后的文案契合了客户需求，激发了客户的创业热情，让客户乐于听课学习。

八、鸡汤文案

写作原则：格局大，坚持“说自己，捧别人”原则。最高境界就是处处不讲自己，处处体现自己的控制权。

原文如图 2－12 所示。

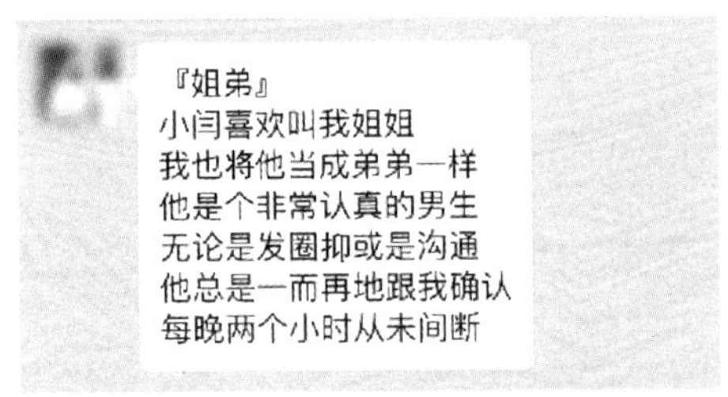

图 2－12　鸡汤文案

修改后的文案如下：

“男人就该有担当”
我朋友小闫跟我一起创业
每天都会跟我沟通超过两个小时
有一种超出同龄人的责任感
我夸他有担当
他却说用行动和成绩说话
才是男人该有的担当

点评：原文 80 分，修改后 95 分。

分析：

（1）标题表达要准确。

原文中姐弟相称说的是“我”与代理商之间的良好关系，利益点体现的是“我”。

修改后，“男人就该有担当”体现的是代理商的奋斗精神，利益点自然转移到代理商身上。

（2）处处不讲自己，处处体现自己。

修改后的文案里用了两个字：“跟”“夸”。

“跟”：表达了谁才是掌握资源的人。

“夸”：这才是画龙点睛之处。

在大众的认知中，只有上级夸下级，很少有下属夸上级领导的。

第三节 如何拍出高端大气的朋友圈图片

微商团队长的朋友圈其实就像一本具有营销目的的杂志，通过文字和图片的渲染来打动、刺激朋友圈里面的潜在客户，从而达成交易。

如果这两张照片，如图 2 – 13、图 2 – 14 所示，同时出现在你的朋友圈，你更愿意点开哪张？

图 2 – 13 朋友圈照片（一）

图 2－14 朋友圈照片（二）

事实证明，大部分人会选择图 2－14 的照片。

那么，这两张照片是怎么拍出来的？是由专业人员用专业相机、在专业摄影棚里拍出来的吗？

实际上，这两张照片是用手机拍摄的，再做简单的后期处理。我们每天都会在微信朋友圈中浏览大量图片，但真正能够给我们留下深刻印象甚至能够打动人心的图片是非常少的。那么，如何用手机拍出惊艳朋友圈的照片，让潜在客户刮目相看？

其实很简单，只需注意以下四点：

第一点：选择拍摄背景。

第二点：选择光线。

第三点：精心构图。

第四点：后期修图。

一、选择拍摄背景

你是不是经常在朋友圈看到这样的照片，如图 2－15 所示，背景很杂乱，主角不明确，想表现什么？是牛奶，手机，还是那瓶看不清名字的辣椒酱？

图 2－15　朋友圈照片

缺陷：从内容组成上来说，这张照片里的内容太多，各个物品之间没有任何位置和逻辑上的关联。杂乱的背景是无法更好地衬托产品的。

解决办法：

（1）寻找一个相对干净的背景。

铺着桌布的桌子、墙壁、窗帘等，这类背景适合用来拍摄化妆品和食物。记住，要尽量减少周边杂物，或加点花草之类的装饰品。

（2）准备一张卡纸。

一般选择白色卡纸，如图 2－16 所示。如果是浅色的产品，可以选择深色卡纸作为背景，根据产品的大小选择相应尺寸的卡纸。

图 2－16　白色卡纸

将白色卡纸弯曲作为背景，整张纸固定在桌上，再把产品置于白色卡纸上，保证手机镜头框选产品后，不会看到其他杂物，如图 2－17 所示。

图 2－17 设置产品背景

（3）搭建一个简易的小摄影棚。

需要准备的材料有：一块全开珍珠板或泡沫板、硬纸板，一张全开描图纸（半透明，可以用来临摹练字画画的那种纸），一卷胶带，一把剪刀，数个大头针，一张你想要当作背景的纸，大小最好是四开以上。

做法：先把珍珠板分成三等份，用胶带把珍珠板两两捆绑，记得不要捆太紧，留一些空间，把三片珍珠板压成“N”形后再压扁，制作过程中注意要让胶带粘好。

将压扁的珍珠板展开，形成三面合围，如图 2－18 所示。

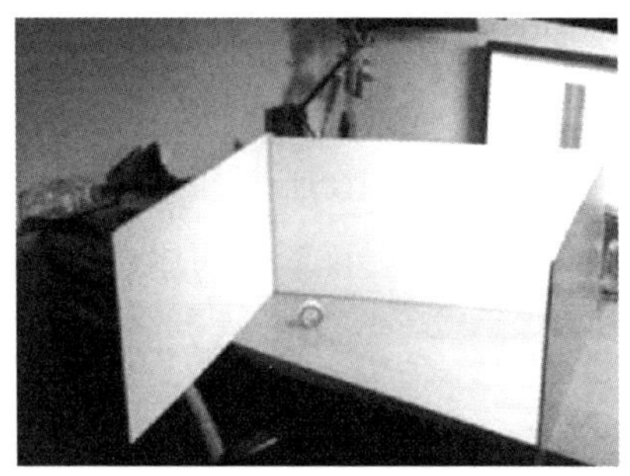

图 2－18 展开珍珠板

把想用的背景纸用大头针钉在底板上，如图 2－19 所示。

用大头针把描图纸钉在两侧珍珠板上，然后盖住珍珠板上方，如

图 2－19 把背景纸钉在底板上

图 2－20所示。把台灯作为背景光。

图 2－20 把描图纸钉在两侧珍珠板上

一个简易的摄影棚就完成了，如图 2－21 所示。

图 2－21 搭建好的简易摄影棚

二、选择光线

拍照时，光线太强或太弱都会影响照片的质量。光线太强会导致照片明暗反差太大，产品形态难以突出；光线太暗，成像颗粒太大，产品模糊不清。所以，我们最好选择室内拍摄，通过其他物体将光线反射到想拍的物品上。

拍摄作品大致有以下三种情况。

第一种，室内拍摄时可以把拍摄物品放置在靠近窗户的那面白墙下方，光线充足，又避免直射，如图 2－22 所示。

图 2－22 靠窗白墙下方放置拍摄物品

第二种，室内光线不够充足的情况下，找一盏台灯作为漫反射光源，灯光不要直射产品，将光线投射在白纸的顶端，光线会从顶部反射到产品上，形成简单的影棚效果，如图 2－23 所示。

图 2－23 用台灯补光

完成摄影作品，如图 2－24 所示。

图 2－24　摄影作品

第三种，我们出门在外，又没有上面两种方法的条件怎么办？

推荐大家到淘宝网店买一个便于携带的补光灯，补光灯很小，可以夹在手机上，无论是自拍还是拍美食都非常好用，完全解决了夜间拍摄光线不足的问题，如图 2－25 所示。

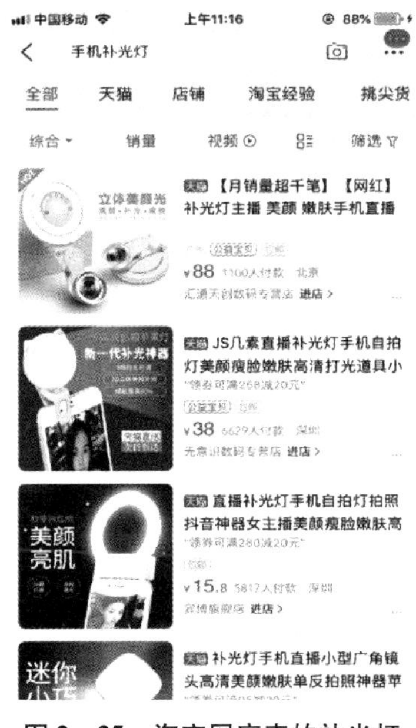

图 2－25　淘宝网店卖的补光灯

三、精心构图

构图，简单来说，就是指如何把人、景、物安排在画面当中以获得最佳布局的方法。比较好用又简单的构图法就是三分法构图和中心构图。

1. 三分法构图

三分法构图的理论基础是我们在看一张照片时，对照片中不同位置的元素给予的关注程度是不一样的，我们容易被照片中处于偏左或偏右三分之一处的元素所吸引。

从构图的角度来说，把拍照主体放在九宫格横向和纵向相交叉的四个红点上，最能吸引人的注意力，这就是构图的三分法原则，如图 2 – 26 所示。

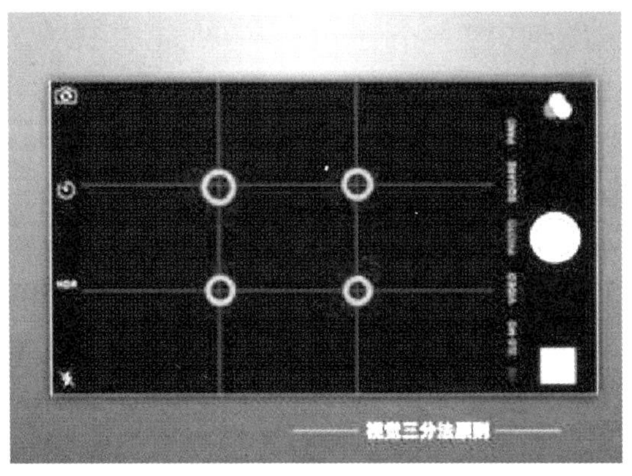

图 2 – 26　三分法构图

举两个例子：

图 2 – 27 是一幅非常简洁的手机人像照片。小男孩在画面偏右三分之一的位置上，他的脸朝向画面中比较空旷明亮的左半边，与身后的黑暗部分形成强烈的对比，让画面具有更强的视觉冲击力和故事性。

图 2－27　手机人像照片

图 2－28 中，两个花苞分别被放在纵向三分之一左上角和右下角的位置，让人产生一种画面非常稳定又不呆板的感觉。

图 2－28　景色照片

这个构图方法更适合拍人像、户外景色、非纯色背景下的产品图片等。如果用纯色卡纸做产品的背景，这时候使用三分法去拍，另外的空白位置就会显得多余。

2. 中心构图

中心构图，顾名思义，就是直接把产品放在画面中心。

给大家一张图片做参考，如图 2－29 所示。把相机画面调成正方形，拍摄时把产品放在正方形取景框的中心位置。要注意的是，产品在画面中的大小要合适，过大会显得太满，过小会显得不好看。

图 2－29　在正方形取景框中心取景

然后，利用这个九宫格参考线，照葫芦画瓢，拍好照片，如图 2－30 所示。

图 2－30　拍好的照片

四、后期修图

这里介绍一个修图软件——黄油相机。这款软件最大的特色是中文字体的样式特别多，将近 100 款，还有很多符号，搭配起来很有意思。

下面是一张用黄油相机做出来的图片，如图 2－31 所示。

图 2－31　用黄油相机做出来的图片

如何使用这款修图软件？有两个办法。

第一个办法就是直接套用模板。

我要拍辣椒酱，就直接在首页的搜索框输入“辣椒酱”三个字，如图 2－32所示。

图 2－32　输入文字搜索图片

找到一张我比较喜欢的图片，点击图片右下角的 Ding，选中图片，如图 2－33 所示。

图 2－33 选图

选好图片后，我们会发现图片上多了几个字符和图案，我们用屏幕上拉选项全部选中，就可以把字符和图案一起移动。如果单个字符移动，可能搭配的位置会比较乱。

调整好字符和图案的位置以后，再调整画布的大小，最后选个滤镜即可。

第二个方法就是自己去搭配字符和图案。

点击主页下方最中间的那个黄色标志，选中自己想做的图片，如图 2－34所示。

我们选择一张贴纸或者一个字体以后，点击贴纸或者字体右下角的双箭头标志拉伸或者旋转，就可以改变它们的大小和角度，双击选中的字体，输入文字，如图 2－35 所示。

图 2－34　点黄色标志选中图片

图 2－35　用箭头标志改变字体或贴纸大小和方向

朋友圈图片的质量对每一个微商人来说都很重要。图片不好看，无法引起客户的兴趣，又何谈了解产品呢？

第四节　快速入门朋友圈图片制作

微商团队长在朋友圈发一些产品图、反馈图、成交图，甚至是自拍图的时候，都要加上自己的标记，比如在图片上打上自己的微信号，方便别人看到后联系自己，也无形中给自己打了广告，让朋友圈的客户熟悉你。这样做也能防止别人盗用你的图，保护自己的知识产权。

微商水印相机号称“微商人都在用的手机 APP”。微商水印相机的作用：一是因为这是一款手机 APP，省去了电脑操作的麻烦；二是可以实现批量操作，最多可以同时给 100 张图片加水印，省去了单张操作的麻烦，这个功能特别符合微商人的需求。

微商水印相机的主要特色是可以上传自己的水印图标，批量添加马赛克、文字，修改颜色、透明度、位置、大小等。微商水印相机处理过的图片会被保存到独立的相册，相册名就叫微商水印。

微商人可以通过这款软件轻松制作防盗图，保护自己的图片版权，同时也可以提高自己朋友圈图片的质量，让朋友圈更专业、更美观、更精致，吸引潜在客户的目光。

一、批量水印功能区

1. 照片批量加水印

微商水印相机可以同时给 100 张图片加水印，此时默认在批量模式下，也可以选择单张模式进行操作。

照片批量加水印的操作步骤如图 2－36、图 2－37 所示。

第一步：点击首页“批量水印”，然后选择要批量加水印的图片。

第二步：点击“水印”。

第三步：点击创建。

第四步：点击“水印模板”。

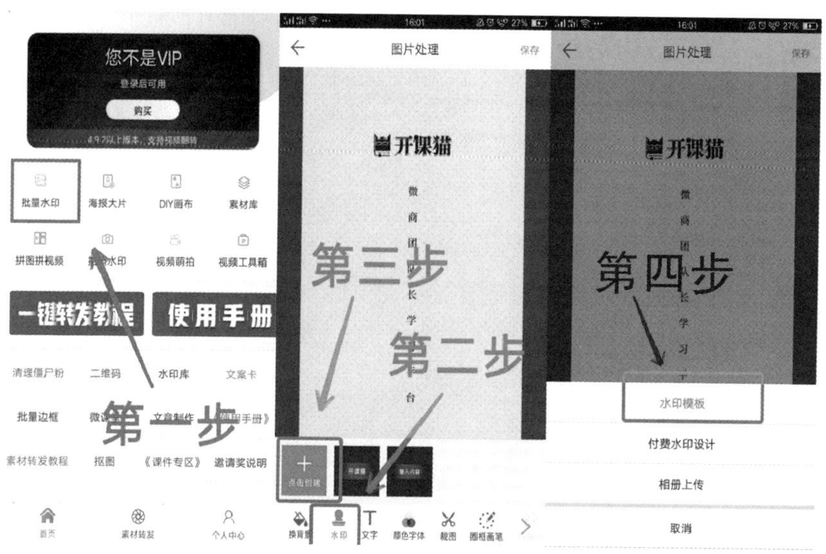

图 2 - 36　照片批量加水印操作步骤（一）

第五步：选择喜欢的模板。

第六步：点击“标题”。

第七步：修改文字内容、字体、颜色、样式。

第八步：加上水印后，调整位置，保存即可。

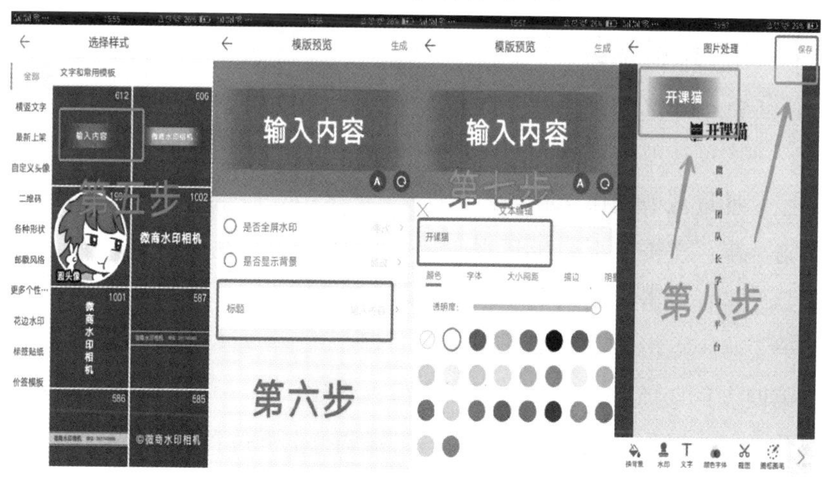

图 2 - 37　照片批量加水印操作步骤（二）

话术、文字类操作与上面步骤一样。

照片加水印的效果如图 2 – 38 所示。

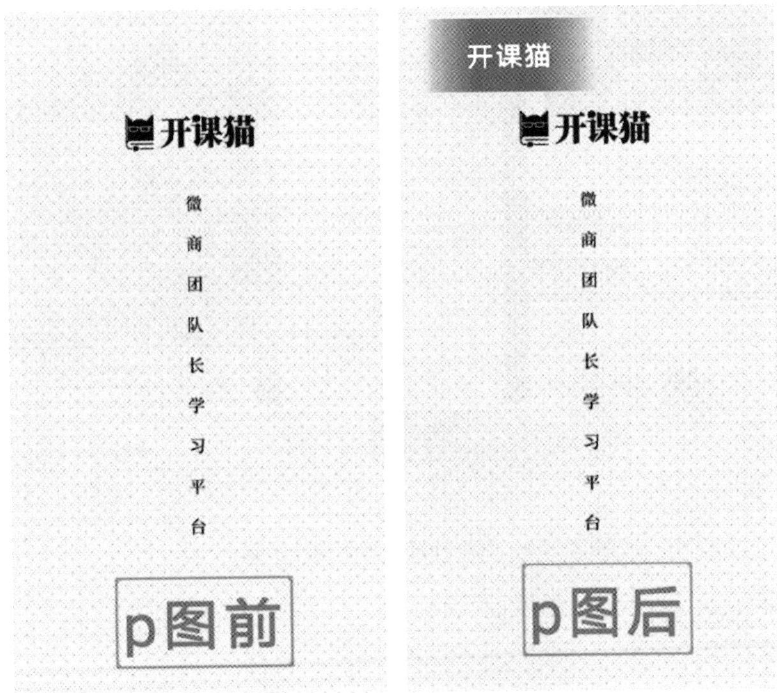

图 2 – 38 照片加水印的效果

2. 照片批量裁剪

除了批量加水印，还可以批量裁剪，即可以用同一个比例，批量裁剪图片，一次可裁剪大批图片，比单张操作更省事。

照片批量裁剪操作步骤如图 2 – 39、图 2 – 40 所示。

第一步：点击首页“批量水印”，然后选择你要裁剪的图片。

第二步：点击“裁剪”。

第三步：点击“批量裁剪图片”。

第四步：选择需要裁剪的比例。可以将比例统一应用到所有图片，也可以分开单张操作，点击右边箭头一张张调整上下位置，放大或缩小。

第五步：每张图片确认调整好位置之后点击右下角“√”。

第六步：点击“保存”完成。

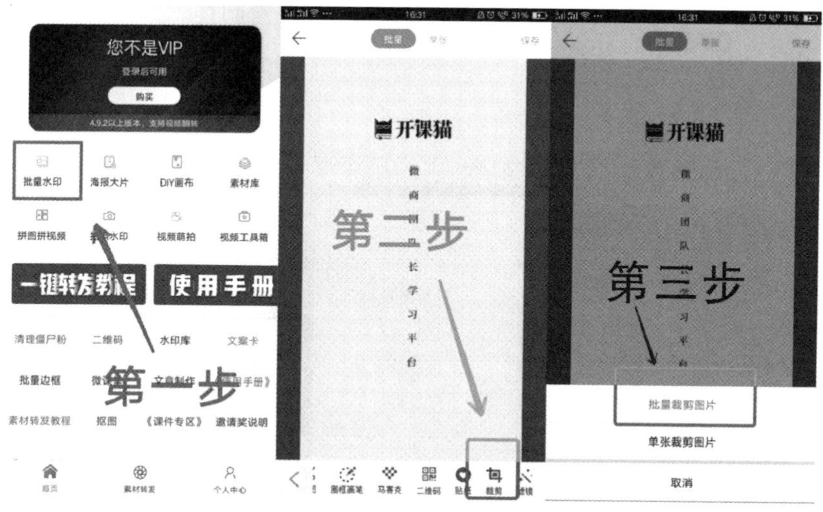

图 2－39　照片批量裁剪操作步骤（一）

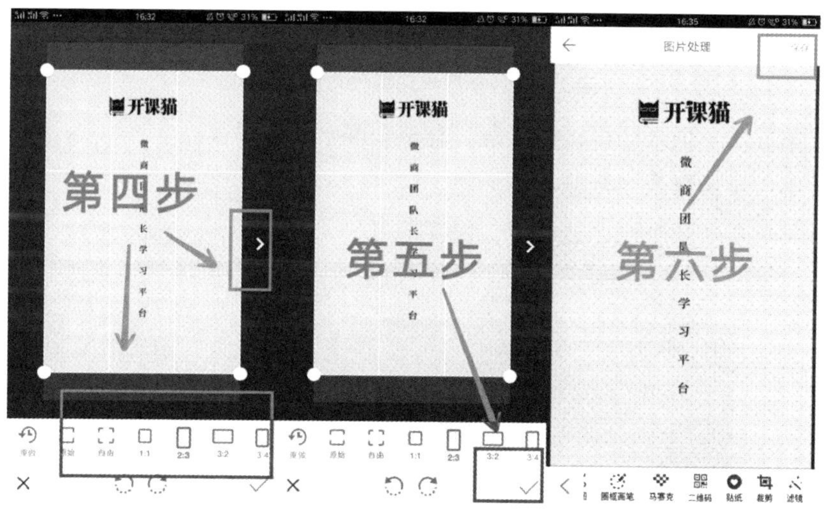

图 2－40　照片批量裁剪操作步骤（二）

3. 制作全屏水印

除了为图片添加水印外，我们还可以制作全屏水印。全屏水印就像一个背景板，在你的图片上整整齐齐、若隐若现，视觉上更美观。

全屏水印操作步骤如图 2－41、图 2－42 所示。

第一步：点击首页“批量水印”，然后选择你要制作全屏水印的图片。

第二步：点击“水印”。

第三步：点击创建。

第四步：点击“水印模板”。

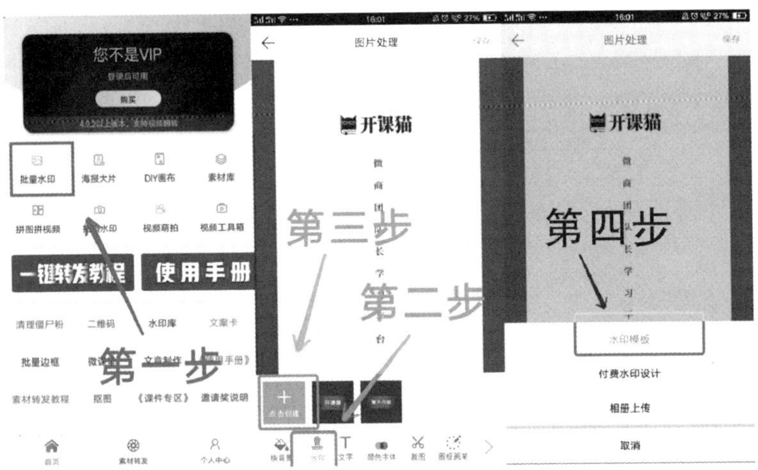

图 2－41　全屏水印操作步骤（一）

第五步：把水印模板往下翻，翻至全屏水印的样式。

第六步：修改主标题和副标题。

第七步：调整水印透明度，保存即可。

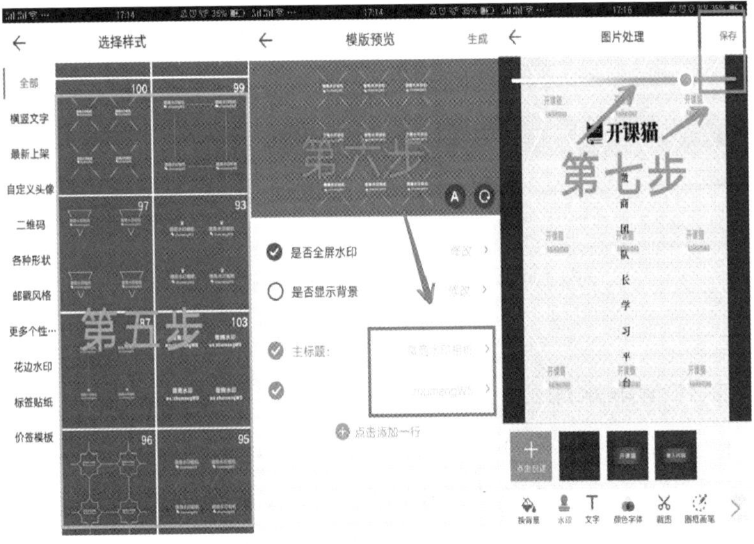

图 2－42　全屏水印操作步骤（二）

制作全屏水印的效果如图 2－43 所示。

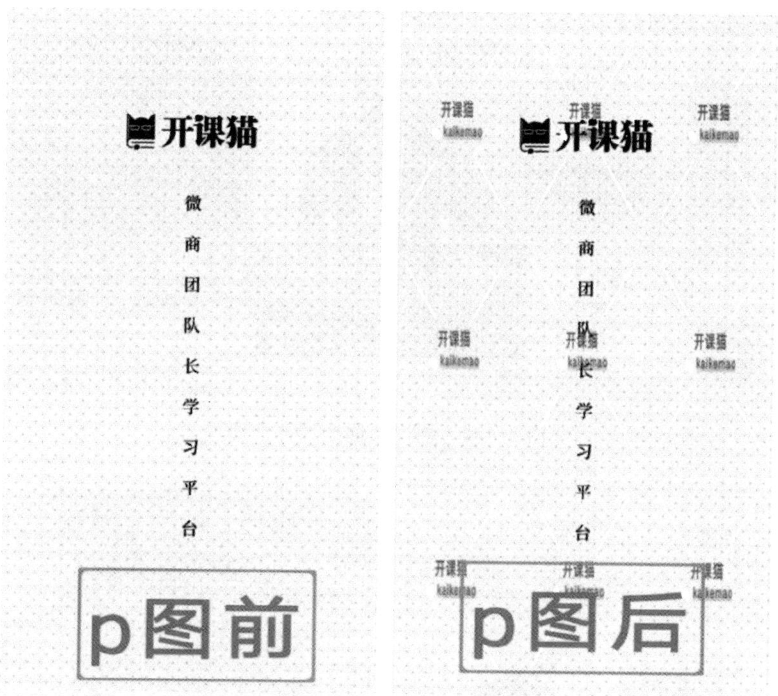

图 2－43　制作全屏水印的效果

4. 圈框凸显的用法

学会圈框凸显，圈哪里就是要突出哪里，使客户的目光聚焦在这个点上。

圈框凸显的操作步骤如图 2－44 所示。

第一步：点击首页“批量水印”，选择你要圈框凸显的图片。

第二步：点击“圈框画笔”。

第三步：点击“发光”，点击“凸显程度”，现在凸显程度为 70%，然后在你想要的凸显部分画上框，保存即可。

圈框凸显的效果如图 2－45 所示。

图 2-44　圈框凸显的操作步骤

图 2-45　圈框凸显的效果

5. LOGO 去背景色

图片上增加 LOGO 是很多微商人的需求，但并非所有的 LOGO 都是透明的，而有背景色的 LOGO 放在图片上很突兀。去除 LOGO 的背景色，让你的图片看起来更加和谐美观，这是晒图曝光、品牌宣传必须做到的。微商水印相机可以完美地解决这个问题。

下面就以开课猫的 LOGO 为例，演示怎样去除 LOGO 背景色，如图 2-46至图 2-48 所示。

第一步：点击首页“批量水印”，然后选择你要添加 LOGO 的图片。

第二步：点击“水印”，点击创建。

第三步：点击“相册上传”，选择你要去除背景色的 LOGO。

图 2-46　LOGO 去背景色的操作步骤（一）

第四步：点击 LOGO 右上角的小剪刀标志。

第五步：点击“抠图”。

第六步：点击“去背景”，然后点击一下 LOGO 的背景。

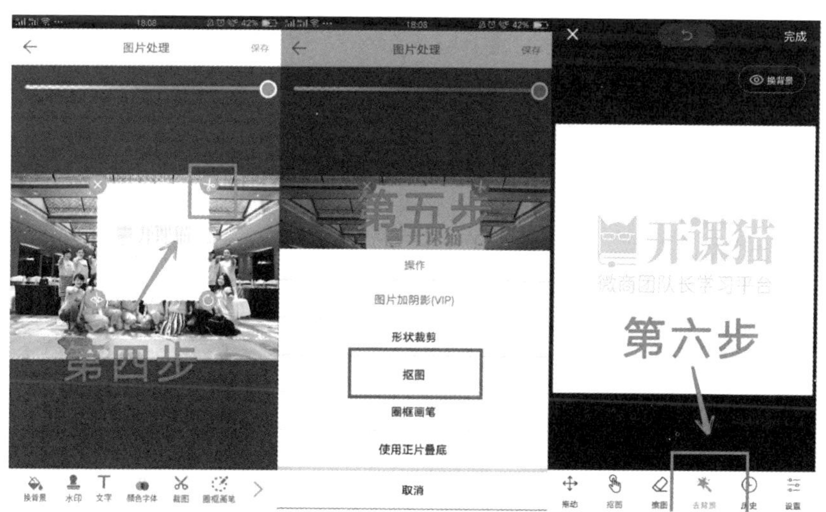

图 2-47　LOGO 去背景色的操作步骤（二）

第七步：LOGO 去背景后就如图所示，然后点击“换背景”，换成黑色。

第八步：点击“擦图”，把 LOGO 放大，把其他没去掉背景的细节都擦掉。

第九步：把去掉背景色的 LOGO 移到合适的位置，保存即可。

图 2 -48 LOGO 去背景色的操作步骤（三）

LOGO 去背景色的效果如图 2 -49 所示。

图 2 -49 LOGO 去背景色的效果

6. 图片抠图

图片抠图不仅容易叠放在其他图片上，非常美观，而且在朋友圈晒图时加上你的人像抠图会加深别人对你的印象，增加别人对你的信任感。

图片抠图的操作步骤如图 2 -50 至图 2 -53 所示。

第一步：点击首页“批量水印”，然后选择背景图，可选择你自己的图片，也可以进入素材库选择背景图，就是抠好的图在什么背景上，有透明背景可以选择，这里以透明背景为例。

第二步：点击“素材库”。

第二步：选择透明背景。

图 2－50　图片抠图的操作步骤（一）

第四步：选择“水印”，点击创建。

第五步：点击“相册上传”，然后选择你要抠的图片。

第六步：点击选择要抠图片右上角的小剪刀标志。

图 2－51　图片抠图的操作步骤（二）

第七步：点击“抠图”。

第八步：点击“抠图”，然后把你要抠的轮廓画出来。

第九步：点击“擦图”，把图片放大，仔细把多余的背景擦掉，点击“设置”可以调节橡皮擦的大小，最后完成保存即可。

图 2－52　图片抠图的操作步骤（三）

如果你的图片背景是纯色的，你可以完成上面第七步之后，进行下面的步骤。

第八步：点击“去背景”，然后点击一下纯色背景。

第九步：调节透明度，保存即可。

图 2－53　图片抠图的操作步骤（四）

7. 做整齐马赛克

微商团队长在晒图时，客户隐私要打马赛克，比如客户姓名、地址、私人照片等，但杂乱无章的马赛克会让客户看着很不舒服。如何把马赛克做得美观规整？我们可以通过微商水印相机来制作。

做整齐马赛克的操作步骤如图 2－54 所示。

第一步：点击首页“批量水印”，选择你想要打马赛克的图片。

第二步：右滑选择“马赛克”功能。

第三步：选择规则的马赛克形状，有圆形和矩形可以选择。

第四步：随意拖拽出一个区域，这个整齐的形状就被马赛克了，最后保存即可。

图 2－54　做整齐马赛克的操作步骤

做马赛克后的效果如图 2－55 所示。

图 2－55　做马赛克后的效果

二、批量加框功能区

你可能想给某张发朋友圈的图片加个边框，让图片更好看些，可是一张张操作很麻烦，微商水印相机可以帮你批量加边框。

批量加边框的操作步骤如图 2－56 所示。

第一步：点击首页“批量边框”，选择你要加边框的图片。

第二步：点击“边框库”，选择你喜欢的边框。你的所有图片就会同时加上这个边框，不管你选择的图片尺寸是否一样，系统都会自动匹配你的图片比例和尺寸。

第三步：保存即可。

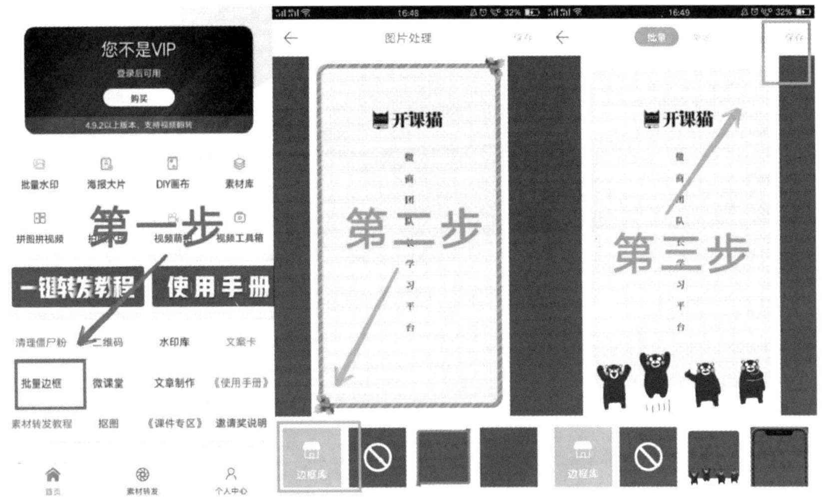

图 2－56　批量加边框的操作步骤

三、海报大片功能区

1. 制作海报抠图，一键去背景

海报抠图去背景的操作步骤如图 2－57、图 2－58 所示。

第一步：点击首页“海报大片”。

第二步：选择你喜欢的海报。

第三步：点击海报空白处，然后选择要制作海报的图片。

图 2－57　海报抠图去背景的操作步骤

第四步：点击图片，点击下方小手图标。

第五步：点击“抠图”。

第六步：点击“去背景”，然后点击背景。

第七步：点击“生成”，保存即可。

图 2－58　海报抠图去背景的操作步骤

海报抠图去背景后的效果如图 2－59 所示。

图 2-59 海报抠图去背景后的效果

2. 制作微信封面、聊天背景

微信封面、聊天背景都是客户第一眼看到的地方，看朋友圈封面就能快速了解你的个人信息。巧用聊天背景能传达品牌理念和个人魅力值。因此，设置一个好的微信封面和聊天背景很重要。

如何制作一份漂亮的微信封面和聊天背景?

制作微信封面、聊天背景有以下几个步骤，如图 2-60 所示：

第一步：点击首页“批量水印”。

第二步：搜索微信封面或聊天背景（我们以微信封面为例，聊天背景同理）。

第三步：选择你喜欢的框架。

第四步：添加个人图片，修改文字，最后生成即可。

图 2-60 微信封面、聊天背景制作步骤

微信封面、聊天背景制作效果如图 2－61 所示。

图 2－61　微信封面、聊天背景制作效果

四、拼图拼视频功能区

图片和视频拼合在一起，在视觉上会更加新颖有趣。

1. 拼图拼视频

操作步骤如图 2－62 所示。

第一步：点击首页“拼图拼视频”。

第二步：点击“拼图拼视频”，选择你喜欢的模板，然后选择要拼的图和视频。

第三步：图片和视频都可上下左右替换，调整后生成即可。

图 2－62　拼图拼视频操作步骤

2. 长图拼接

下面给大家讲讲长图拼接，九宫格不够放的时候，可以尝试长图拼接。

长图拼接操作步骤如图 2－63 所示。

第一步：点击首页“拼图拼视频”。

第二步：点击“长图拼接”，选择你想要拼接的图片。

第三步：可以点击右上角小框，选择横向拼接或纵向拼接，还可以添加边框和背景，最后保存即可。

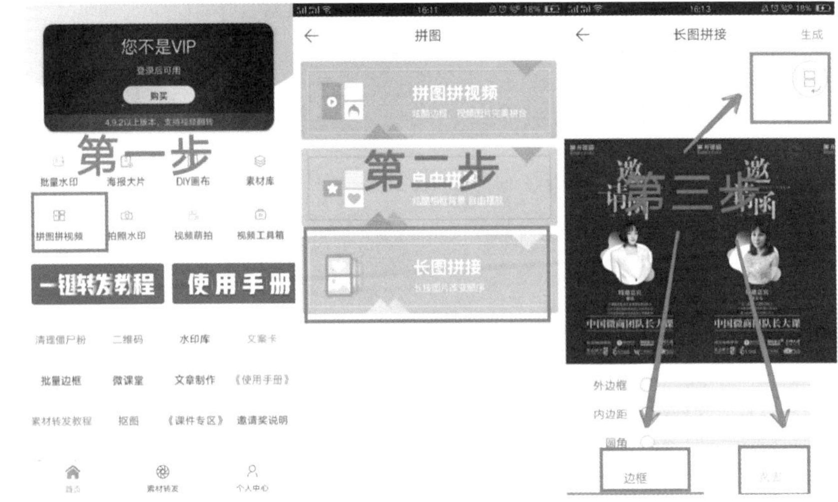

图 2－63 长图拼接操作步骤

微商水印相机强大的功能会给朋友圈修图带来很大便利，正确使用微商水印相机会让你的朋友圈大方美观，给潜在客户传递一种细致、认真的生活态度。

提示：各位微商团队长可以自行在手机上下载。在 App Store 或安卓各大应用市场搜索“微商水印相机”，下载安装后即可使用，无须注册。

第三章

微商团队长如何做好线上引流

第一节　快速通过微信好友验证

我们都收到过来自微信群聊的好友申请，也有过在微信群里添加好友的经历，如图3－1所示。每一个发出的好友申请，就像我们在线下社交场合中呈现给大家的第一印象，第一印象决定我们和好友之间能否产生合作。

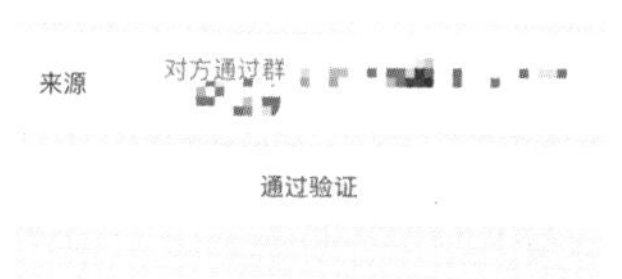

图3－1　微信群聊的好友申请

你发送的好友申请是不是都通过验证了？还是被对方直接忽略，甚至被加入黑名单了？

问题的关键就在于我们添加好友时发送的验证请求是不是给对方留下良好的第一印象。

一、微信群加人的示范案例

（一）错误示范案例

1. 特殊反例

（1）霸气型。

霸气型好友申请如图3－2所示。

这么霸气的好友申请给你留下的第一印象是什么？

首先，以地域作为聊天门槛，给人留下的印象往往是自大。很多群聊里的成员来自四面八方，所以这样的验证请求很难让人接受。另外，这段

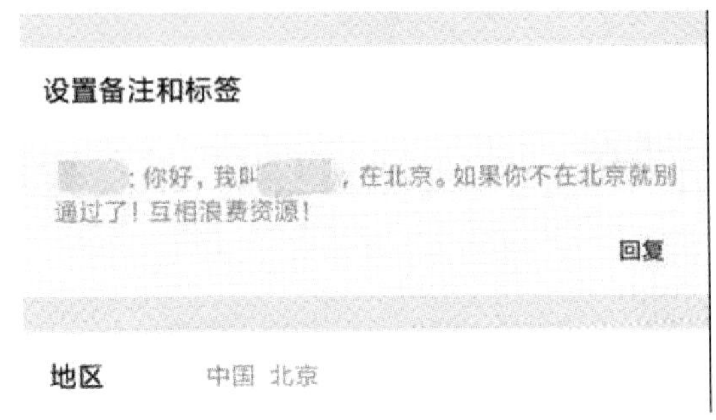

图 3－2 霸气型好友申请

验证请求中已经表明加好友的目的是交流资源，却不具体说明自己有何资源，难以打动人。

这个例子的解读告诉我们，想让别人通过我们的好友申请，需要我们在说明添加目的时告知对方我们能给他带来什么价值。

（2）“大格局”型。

“大格局”型好友申请如图 3－3 所示。

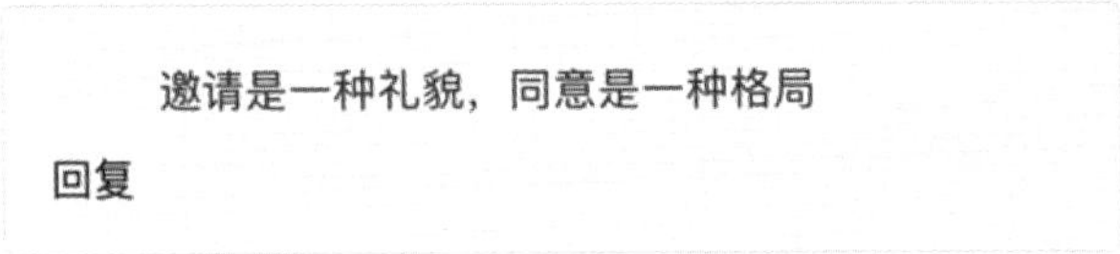

邀请是一种礼貌，同意是一种格局

回复

图 3－3 “大格局”型好友申请

我们从字面上解读这句话：我是出于礼貌才向你发出好友申请，如果你不同意，那就说明你没“格局”。

这种加人方式看似表达婉转，塑造了自己有礼貌的形象，但是从某种角度来说，却有道德绑架的意味。这样的评判也会让人感觉莫名其妙甚至不被尊重。换个角度说，我们并不认识，我的“格局”如何跟是否同意你的好友申请没有关系。

以上两个例子体现了验证请求文案的重要性，没有从对方的角度思考问题，表达方式不够妥当，自然也就无法通过验证。

2. 普通反例

下面我们来看看绝大多数人是如何向别人发送好友验证申请的。

80%以上的人选择通过微信默认发送的方式添加好友，如图3-4所示。

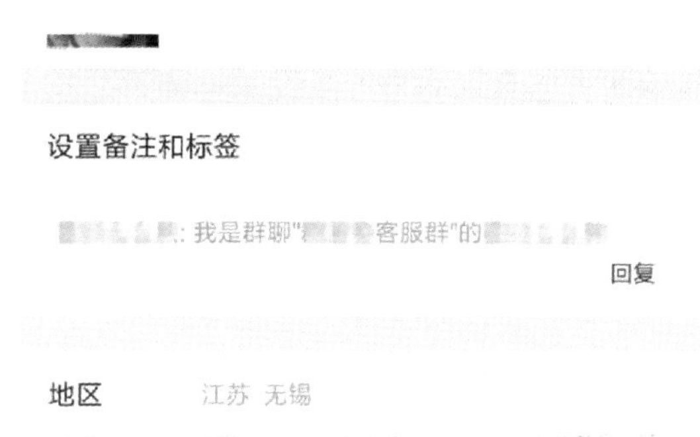

图3-4 多数人通过微信默认发送方式添加好友

类似的好友申请在什么情况下比较容易被通过？

第一，线下活动建立的群，彼此见过面，加起来自然没有阻碍；

第二，一些付费的社群，原本双方在群内就已经有过多次互动，这样加起来也没问题。

如果在加好友之前没有任何互动，被加的群友还是很谨慎的，因为了解程度不够。更为关键的是，很多人的微信昵称不是自己的真名，而是网名，被加的群友无法了解你的更多信息，自然不愿意通过你的添加好友申请。

所以，如果想提高加人的质量和数量，微商团队长要掌握相关混群技巧和线下社交知识。

（二）正确示范案例

微商团队长请求添加好友时得先让对方知道“你是谁”，如图3-5所示。

我们看一下两种优化版本，如图3-6所示。

优化版本1：

（1）告诉对方“我来自什么群”。

（2）说明“我擅长什么”（也可以理解成“我可以帮到你什么”）。

图 3－5　添加好友时说明自己的身份

优化版本 2：

（1）告诉对方“我是谁”。

（2）说明“我能给你带来什么价值”。

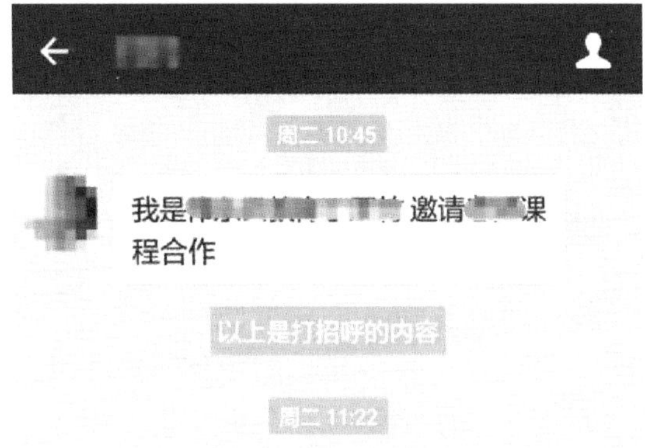

图 3－6　添加好友优化版本

以上，主要是利用了利他思维，从客户的利益点出发去思考问题，可以得出一个比较容易通过的验证请求文案，如图 3－7 所示。

图 3－7　比较容易通过的验证请求文案

请注意，验证请求这个部分最多允许容纳 40 个字，但是客户只需要 1 秒钟就可以做出决定，这意味着我们要在对方看到消息的几秒钟内给他留下良好的第一印象。

二、话术整理三大步骤

1. 明确自身价值

想知道自身有什么价值，我们需要回答以下两个问题：

（1）我能提供什么？

（2）目标人群的需求是什么？

2. 具体操作

（1）调查信息。

添加好友之前，翻看这个人的个性签名，以及个人相册朋友圈，观察他的主要业务。如果对方的朋友圈不对非好友开放，那只能尽可能地了解对方的背景、经历和需求，展示自己的优势；如果能因地制宜地提出一些可以给对方增加价值的具体建议，你获得回馈的概率会更大。

在各种人脉群、学习群中经常会出现这样的自我介绍格式：

【昵称】：

【微信 ID】：

【城市】：

【擅长领域】丰富的经历，第一桶金的故事，擅长的技能，让人眼前一亮的数据，有意思的观点

【希望勾搭】升级思维，找合伙人，找流量，招聘，毛遂自荐，推广资源，找社群

【一句话分享】一句话分享你近一年在赚钱这件事情上最大的收获

【其他想说的】任意内容

多注意新人进群的自我介绍，从介绍信息中找到话题切入点就不难了。

（2）将自己的服务或者产品与对方的背景、经历和需求相匹配。

（3）组织话术，介绍自己是谁（或者来自什么群）和自己的优势（或者能给对方带来的价值）。

在使用以上好友申请话术却依旧不被通过的情况下，不要反复发送好友申请！对这类反复发送好友申请的人，很多人一般都是将其拉入黑名单，那我们就得不偿失了。

分享完微信群加人的具体步骤，接下来我们谈论加人通过后的 8 个小细节。这些细节由生活经验总结而来，每一条都能帮助我们在与新好友的日常聊天中避免冷场。

三、8 个提升好感度的微信聊天细节

1. 不要问对方“在不在”

正常情况下，对方会看到我们的消息。最可怕的场景是：几个小时后，对方回了一个字“在”，你已经想不起为什么给他发消息，浪费彼此的时间。

要点：直奔主题，简明扼要地说明你的来意。

2. 不要称呼对方为“亲”

使用这样的称呼很有可能会被对方误认为是 × × 平台或商家的客服人员，并且产生戒备心理，给我们的第一次沟通带来阻力。

3. 不要随便发语音消息

不是不能发，这里强调的是“随便发”。

我们无法确定好友当时是否处于方便收听语音消息的环境下，很有可能会给他带来不便，我们的语音消息就会被其忽略。

如果是特殊情况必须发语音消息，我们最好直接将语音消息转换成文字再发送出去。

4. 不要随便发起语音通话

在我们和好友还不熟悉的情况下，这个举动比语音消息更容易给对方带来不便，甚至是引起他的反感。更有甚者，在别人没有接通的情况下追加几个语音通话，有这样举动的人被拉黑的概率高达 90%。

5. 详细提供细节

相信很多微商团队长或多或少进过某些行业社群，我们偶尔会在社群中看到擅长某个领域的大咖主动分享自己的经验，如果我们有相关需求，

就会主动添加大咖为好友，便于向其学习和请教问题。

但是，有的人在添加大咖为好友之后，立马提出一些很难让对方回答的问题：怎么做社群？怎么引流？怎么做公众号？甚至提出跟对方所处行业完全无关的问题。还有些人开口就向对方索要资料，但具体是哪个资料也说不清楚。

首先，没有经过思考就提出的问题是一个没有意义的问题，这样的提问不会得到你想要的答案；其次，问题提得太宽泛，很有可能被大咖直接忽略。因为这些问题的专业性太强，不是一时半会儿可以解释清楚的，他没这么多时间给你解答。

所以，我们在向对方请教问题的时候，一定要把问题表达清楚。比如"请问您有抖音引流的相关资料吗?""我最近正在组建一个代理商社群，请问您有什么活跃社群的方法吗?"

6. 做到有礼貌

有礼貌是基本准则，要养成开头说声"你好"，结束说声"谢谢"或者"打扰了"的习惯。

7. 不要过度套近乎

在面对大多数好友的时候，如果他不是具有一定影响力的行业大咖，那么"久仰久仰""久闻大名，如雷贯耳""改天过来喝茶"这类的语句要尽量少说甚至是不说，开头问好后就直奔主题，把我们的需求或者想法表达清楚。

8. 红包永远是有效的沟通方式

在我们和好友还不够熟悉或者无法为他带来价值的时候，如果我们需要向他请教某些问题，可以在问题后附带一个红包。好友对我们的好感会直线上升，我们的问题被回答的概率比较大。

第二节　如何成功约聊微信中 90% 的陌生好友

我们都知道，微商是以信任关系为基础带来成交的，因此，与微信里的好友建立信任感是微商团队长必须做的战略性工作，如果能够让更多人对我们产生信任感，就意味着成交率会大幅提高。

很多微商团队长从业时间长，微信号早就加满了人，但其中有90%是陌生好友，除朋友圈外没有其他交集。现在我们来讲如何与陌生好友约聊，在聊天中让好友对我们产生信任石感。

一、跟陌生好友约聊的正确流程

1. 错误示范案例

（1）群发。

群发信息如图3－8、图3－9所示。

图3－8　群发信息（一）　图3－9　群发信息（二）

很多人明明知道这样的群发信息就是无效广告，却还是持续发。一位经常群发活动信息的朋友跟我说："群发不用花钱，也不用操心，反正我把信息都发一遍，万一有人需要，就会来找我。"

相信很多人也抱着这种想法，群发就算没有收获，也不会带来损失。实际上，像这种大海捞针式的群发很可能引起陌生微信好友或客户的反感，甚至会被其拉黑，这样我们就不能达到销售的目的。

群发的正确做法：

适合对象：直属代理商，已有消费基础的熟客，有过咨询历史的意向客户或意向代理商。

适合内容：公司通知、最新活动通知。

（2）集赞。

集赞群发信息如图 3－10 所示。

图 3－10 集赞群发信息

我们经常会收到这样的集赞群发信息，从聊天截图可以看到发信息者与陌生微信好友很少聊天，我连你是谁都不知道，你的问题、你的需求、你的宝贝需要投票、你的朋友圈活动需要集赞，这都跟我有什么关系？我帮你的理由是什么？

如果没有感情基础，建议大家在群发集赞信息的时候不要勾选，避免还没认识就已经把自己的形象搞砸了。

集赞的正确做法：

适合对象：强关系微信好友。

适合内容：求赞文案有趣。

（3）盲目点赞。

我们跟陌生微信好友的接触要先从朋友圈互动开始，找到契合点再与其互动，点赞和评论等互动方式都可以。

盲目点赞是指有些人在没有看对方朋友圈信息的情况下随意点赞，更有甚者还用软件点赞。没有根据具体情况去分析，只是机械性地重复动作，很有可能会“踩雷”。人家心情不好，收到你的点赞，或者人家心急如焚，收到你的点赞，只会加大你被拉黑的概率。

相对而言，评论的互动效果是最好的，具有互动性的评论可以让对方注意到你的存在，你们之间便有机会产生共同话题。

点赞和留言的正确做法：

适合对象：所有微信好友。

适合内容：根据目标客户的信息，留言体现你对他的关心。

2. 正确流程

（1）选定目标客户（5～10 人）。

限定人数的原因是要保持精力及时回复好友的消息，防止在某一阶段同时和几十人互动，精力分散了，自己的耐心也会削弱，互动效果就会变差。

我们在做加好友送赠品的活动时，会在短时间内收到几十人甚至上百人的好友申请，如果我们选择一次性通过，就会发现无法做到及时回复好友的消息，就可能会被好友拉黑。

正确的做法是分批通过，每次通过 10 人，然后专注地跟这 10 个人私聊互动，把他们都服务好后再通过下一批。

（2）关注日常动态。

在日常刷朋友圈的时候关注目标客户（包括意向代理商、潜在客户）的朋友圈动态，可以了解到他们的近况和需求，下次聊天的时候就不用担心无话可说。

（3）留言互动（关心、赞美、同情等）。

持续关注客户的朋友圈内容，根据内容进行回复，传达对客户的某种情感（关心、赞美、同情）或者是提供帮助，从而建立感情基础。

（4）找到客户需求和产品功能之间的交点 。

如果是精准目标客户，建议微商团队长在一段时间内多观察客户的朋友圈，以寻找聊天切入点。建议观察时间为 10 天，如果在 10 天里还无法寻找到和客户沟通的机会，可以转换目标。

当跟客户互动一段时间之后，发现客户的需求刚好和产品功能相契合，我们就可以迅速出击。我们必须提前做好和客户互动的准备，针对不同客户准备不同的销售话术。

二、线上约聊话术

话术模板：

××，我看到你刚才发的朋友圈里说遇到×××事情，我在这方面有×年的经验，可以给你一些建议。今天下午2点45分你方便吗？我们约个时间沟通一下，看看我能不能帮到你。

我相信，每个人在收到这样一条信息或者朋友圈留言时，都会对留言的人心生好感，并且在第一时间回复对方的消息。为什么？因为我们明确向客户传达了以下信息：

（1）我在持续关注你，我很关心你。

（2）你说的那件事我也经历过，并且具有多年经验，可以帮到你。

（3）我跟你约的时间是一个比较精准的时间，不是当下，也不是明天、后天，而是今天下午2点45分。

一般来说，如果我们表现得太主动，急着跟客户取得联系，对方会怀疑我们不怀好意，或者是觉得我们急功近利，接着就会礼貌地拒绝我们，甚至忽略我们发送的消息。我们在关心别人的时候应该是发自内心的，可以让大部分人乐于接受，这样才能带来后面的交流。先利人，再利己。但是，我们常常会因为某些细节没做好，导致被人误解。那么，我们应该如何避免误会？

举两个例子：

案例一：

×××你好，我看到你最近发的自拍照好像皮肤有点干燥，我做美容护肤5年了，在这方面有些心得，我想跟你约个时间沟通一下，了解你的具体情况，给你提供一些有针对性的建议。明天上午11点20分你方便吗？

这样发给客户是不是更能体现你对她的关心？

案例二：

×××你好，我从你最近的朋友圈里看到你招代理商的速度不是太快，我做微商3年多，也带出了十几个月入10万元的代理商。本周三下午4点10分你有时间吗？我们可以沟通一下，看看你招代理商遇到了什么问题，也许我能帮到你。

在实际情况中，这套话术运用成功的前提在于拥有带团队的经验，如果客户确实在这方面遇到了难题，那么成功沟通的可能性非常大。

三、线下约聊话术

现在很多实体店都会让顾客加微信，方便在第一时间了解店里的最新活动。所以，面对微信里的实体店老板，我们可以使用这样的话术模板：

你好，我是做×××的，经常路过你家店面，看到你这里位置虽然不错，但是好像客户不是特别多，我正好有个朋友做同样的生意，他有一个方法非常好，我想跟你沟通一下，看看他能不能帮到你，但是我今天有急事要去××，明天下午3点40分你方便吗？我来找你。

这样的约聊话术是从客户的利益点出发，如果客户的确存在这方面的困扰，那你被接纳的概率就会很高。有了这个信任基础，只要产品货真价实，服务好，就可能完成“粉丝变现”。

微商团队长不仅要提升自己的销售能力，还要对行业和产品相关的专业知识了如指掌，否则只知道一味套用话术，面对客户提出的专业问题一无所知，还是无法说服客户。

四、话术应用注意事项

1. 遵循话术的销售原则

（1）日常关心：平时要多留心观察几个目标客户的朋友圈动态，表达你对他的关心。

（2）及时出现：在客户遇到困难时，如果刚好与我们的服务和产品功能相契合，就要及时联系客户，给他提供帮助。

（3）经验引诱：经验和专业知识储备要足够丰富，及时弥补自己的不足，利用你的专业知识和经验吸引客户。

（4）预约时间不在当天，而是在第二天或者其他合适的时间，让客户感觉你比较忙。

2. 约聊要点

和客户预约，要保持耐心，不要当天就约聊，自己要沉得住气，千万不能急功近利。尤其需注意以下三点：

（1）时间具体约在几点几分，不要整点。让客户感觉你是一个效率比较高的人，体现专业性。

（2）找到对方关心的问题或最近正在发生的问题。要想打开客户心扉，不是说我们想说的话，而是说客户关心的话，针对对方想解决的问题提供专业的解答，这样我们才能很快吸引客户，这就是专业带来的价值。

（3）如果对方和你说的时间有冲突，那就再往后延迟 2～3 天。

我们明天下午 1 点 25 分能不能沟通一下？如果这个时间不合适，那我 23 日下午 3 点 20 分约你行吗？

这样能体现你平时事情比较多，不是随便就能约到的，可以提升自己在客户心中的地位。

第三节　利用抖音建立自己的百万流量池

毫无疑问，抖音是一个非常大的流量池，每个人都可以在抖音里创造无限可能。作为微商团队长，我们玩抖音的目的不是把自己捧成抖音红人，而是通过这个平台吸引更多粉丝，建立自己的流量池，达到卖货招商的目的。

一、如何利用抖音引流

1. 种子用户刷流量

抖音在评判哪种用户行为值得推荐的时候，有四个判断参数：点赞量、评论量、转发量、视频播放时间量。我们发布的内容只要具备互动性，满足大多数人的需求，按照抖音的规则去发就有机会获得成功。

但是，在抖音爆红的人已经那么多了，如果只是做符合规则的事情，走红的概率大不大？

答案当然是否定的。我们还需要一个助燃剂——种子用户注入。什么是种子用户注入？

做过淘宝、京东网店的人应该知道有一个行业名词叫作“刷”。抖音这个平台也是一样，也可以由微商团队长的种子用户去做“刷”的这个动作。

种子用户从哪儿来？到底应该如何去“刷”？

种子用户可以来自我们的微信好友或者团队中的代理商，我们可以通过设置一些福利去诱导微信好友帮助我们进行互动、点赞和转发。

我们经常在朋友圈里看到点赞、送礼物这样的活动，朋友圈里类似这样的玩法是完全可以转化到抖音上的。

举个例子：

我们可以在抖音里面做一个猜价的活动：哈哈，你们猜猜，我买这3斤杧果花了多少钱？猜对且点赞的前10名赠送杧果一份！做这样的活动，可以去朋友圈通知我们的好友，“关注抖音：×××，免费送3斤新鲜柸果!”

另外，微商团队长要重视团队的力量。如果微信好友人数有限，我们就要发动自己团队中的代理商拉人入群。

举个例子：

假设我们的团队中有100个代理商，每个代理商建立一个300人的福利群，总数就是3万人，有3万人作为启动的种子用户，影响力不容小觑。

2. 参与挑战话题，蹭热度

通过热搜榜我们可以知道目前什么样的内容最火，跟着这个话题走，这就是蹭热度。同时，我们还可以运用“抢镜”功能，借势而上，如图3-11、图3-12所示。

图3-11 用热搜榜蹭热度

图 3-12 用“抢镜”功能蹭热度

抢镜案例如图 3-13～图 3-16 所示。

图 3-13 抢镜案例（一）

图 3-14 抢镜案例（二）

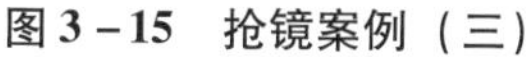
图 3－15　抢镜案例（三）

图 3－16　抢镜案例（四）

3. 真人出镜模仿其他平台火爆内容

一定要明白，能够在其他平台火，一定有原因。

可能是符合人性的内容，可能是搞笑的内容，可能是神转折的内容，可能是正能量的内容，可能是怀旧的内容。不要把目光局限在抖音和朋友圈，对其他平台也要花时间研究，比如在微信群、朋友圈、微博或者知乎上有哪些内容被广泛传播，研究这类内容吸引人注意的关键点在哪里，然后再模仿拍摄。

4. 评论引流

热门视频的流量是现成的，我们可以到热门视频里面去发表评论进行引流。

做抖音，一定要去多刷抖音，目的是研究如何提升自己的视频内容质量。要多评论，目的是多渠道曝光自己的抖音账号。我们评论的内容要有引导性。

这个小姐姐好厉害，快去围观×××。

60 秒让你的孩子入睡的绝招，请围观×××。

评论的内容可以根据这个账号的内容去写，同时@自己的账号，只要观众对你评论的内容感兴趣，就可以直接点击评论进入你的账号主页。我们再用有吸引力的内容把观众留住。如何选择将要评论的视频？

选择评论量低于1000条的视频，这样更有机会让别人看到，如果评论都是几万条，我们的评论很快就会被淹没。

特别提醒：私信里面不要出现“微信”这两个字，必要时可以用同音词代替，比如“我的V♥××××××”或者“请联系我的V：×××”。

5. 大号带小号

如果我们有朋友是抖音大号，可以让朋友帮助我们曝光，行业叫法是“大号带小号”。

通过设计话题，比如一个谜题，在朋友的大号展示谜面，在我们的小号展示谜底，这样我们就可以很自然地将人引流到小号。

所以，如果微商团队长有能力把自己的抖音号做火，就可以为自己的代理商引流。能帮助代理商解决粉丝增长难题的微商团队长，还需要担心找不到代理商，以及代理商流失的问题吗？

6. 互推

通过第五点，可以延伸出另一个方法，就是“互推”。

如果你的抖音号有1万名粉丝，就可以找有1.2万名粉丝的人进行互推，这样双方都可以增长粉丝。

注意：互推对象一定是比我们粉丝数多的人，但是双方人数差距不能太大。

微商团队长既要卖产品，更要招代理商，这就涉及流量变现的问题。上面介绍的6个抖音引流招数，解决了我们的引流问题。

二、如何将粉丝流量变现

1. 结合产品做抖音变现

微商团队长可以拍摄产品体验视频，但要注意视频内容不能含有硬广告，注重含蓄表达，如图 3－17、图 3－18 所示。

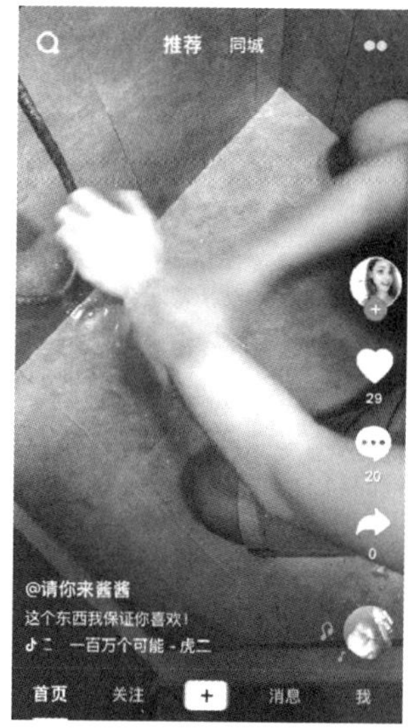

图 3－17　产品体验视频

图 3－18　微信好友关注产品体验视频

2. 抖音号的定位要精准

你的抖音定位可以是社交电商导师，进行社群电商经验分享；可以是创业导师，分享创业经验，分享社群营销经验，分享带团队的经验。吸引来的人大多想要创业，把这部分人加到微信朋友圈，后期转化率会很高。

3. 把购买者转化为分享者转化思路：客户转化为代理商

把购买者转化为分享者有以下三个步骤：

第一步，给客户体验产品的机会。

第二步，在客户转账下单后及时提供快递单号和物流信息。因为没有足够的信任支撑，所以第一次的成交要花费更多心思去跟进售后服务。

我们看过很多 9. 9 元包邮的产品活动信息，一些人还参与过类似的活动，9. 9元，低于 10 元的额度，能给客户带来即使受骗也就损失 10 元钱的心理暗示，因此更容易成交。

这个方法的启示是：第一次的活动金额不宜过大，金额越大成交难度越大。

第三步，优化用户体验以促进裂变。

微商团队长想让客户复购、转介绍，或者想把客户转化为代理商，就要优化用户体验，注意售后服务细节。客户使用产品后，微商团队长一定要主动征询客户意见。

以一款美白霜为例：

我们的美白霜是不是特别润滑？

我们的美白霜是不是特别细腻？

你使用前后的对比是不是特别明显？

从产品的亮点出发，通过提问引导客户明确自己体验后的感受。

总结：在销售产品的过程中，建立客户对我们和产品的信任，接下来，微商团队长要通过售后沟通引导客户做转介绍和代理商升级。

“你真棒，坚持使用，配合你个人良好的生活习惯，就是这么快可以看到效果，养成小仙女了！”

“如果你周围有什么小姐姐需要，给她分享。当然，如果你帮我推荐，我直接给你折扣！”

微商团队长要在引导客户做转介绍时明确地告诉他，给朋友分享好的产品，不仅可以帮助朋友解决难题，自己还能赚钱，给予客户利益的同时，也要帮助客户解除顾虑。总之，抓住客户欲望，才有机会成交。

第四节　揭秘喜马拉雅精准引流法

对于微商人来说，引流方法多种多样，可以利用的平台也相当多。那么，我们应该如何去选择恰当的引流方法或者平台？最好的方法就是广撒网，测试各个渠道的引流效果，然后集中精力，做好其中一两个引流渠道。坚持将一个引流方法用到极致，就会获得到意想不到的效果。

传播媒介大体分为四种：文字、图片、音频、视频。这四种媒介传播的效果没有高低之分。有人喜欢阅读文字，有人喜欢看图片或者听音频，还有人喜欢看视频。过去普遍通过朋友圈图文、抖音、快手视频方式引流，这些都是很常见的方式。

今天我们另辟蹊径，从最小众的音频渠道方面跟大家分享引流的思路和具体的操作方法。

一、如何在喜马拉雅 FM“截流”

喜马拉雅 FM 是一个学习型 APP。在解析喜马拉雅引流方法之前，我们先引入一个概念。

什么叫“IP 打造”?

IP 打造，就是明确个人定位，打造个人品牌，把自己包装成自明星。

如何进行 IP 打造?

很多微商团队长在刚开始做引流的时候，首先想到的是依靠自己的力量来打造 IP，但这个方法是错的。

想要成功打造一个 IP，不但自身要有足够的价值和内容，还要有大量积淀和实践。然而，积淀和实践都需要很长时间才能做好。在我们还没有太多内容的情况下，可以对大 IP 的大流量进行“截流”。“截流”就是去截取别人的流量，把大 IP 的流量转化成自己的流量。

那么如何“截流”?

我们需要先找到一个大流量池，喜马拉雅就是一个很好的流量池。2013 年 3 月喜马拉雅手机客户端上线，短短 2 年时间手机用户规模突破 2 亿，目前喜马拉雅也是国内用户基数最大的音频平台。因此，我们可以选择喜马拉雅 FM“截流”。

1.“截流”步骤

(1) 下载喜马拉雅 FM。

苹果和安卓各大商店都可以下载，也可以使用电脑端下载。安装好之后，用自己的手机号注册即可，如图 3－19 所示。

(2) 寻找属于你的产品和项目的目标用户群体。

以“宝妈”这个群体来举例说明，如图 3－20 至图 3－21 所示。

图 3－19 下载喜马拉雅 FM

在搜索框输入“宝妈”这个词汇，可以看到一个宝贝睡前故事专辑。鼠标点击进去，能够发现一个加群的按钮，可想而知这个群里的粉丝定位很精准，因为这里有很多学习当“宝妈”的用户，她们的需求是很明确的。这样寻找目标客户比很多盲目加人进朋友圈的方式效果更好。

图 3－20 通过搜索找到专辑

图 3－21　在专辑页面点击“加群”

（3）进入聊天群。可以在里面发消息，与群内好友进行良性互动，树立良好的个人形象，如图 3－22 所示。

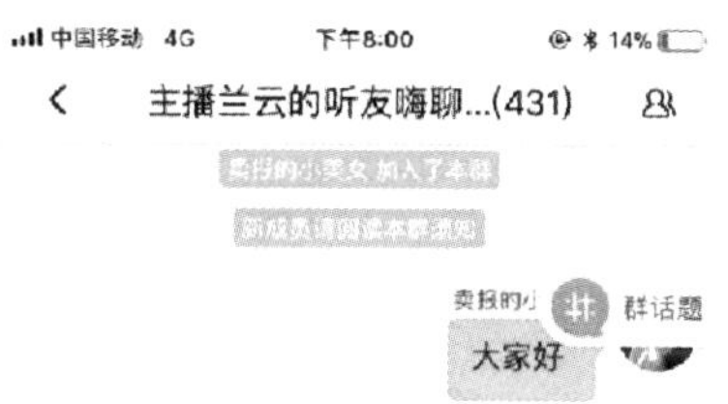

图 3－22　进入聊天群

在群里面简单聊天后，留下自己的联系方式。如果觉得自己在群里聊天有点尴尬，不妨邀请小号在群里和你互动。这种方式屡试不爽，永远不会过时。

如果喜马拉雅没有群，怎么办?

营销者可不会善罢甘休。没有群，营销者也会通过一系列的引导将粉丝聚集在一起，因为只有聚集粉丝他们才能真正售卖产品，微商团队长就是要混到他们的聚集地寻找意向客户。下面用几张图片给大家示范一下。

大家可以在图片中看到带引导性话语的号，这种类型的号就属于我们的目标寻找对象，如图 3－23、图 3－24 所示。

图 3-23　引导用户进群（一）

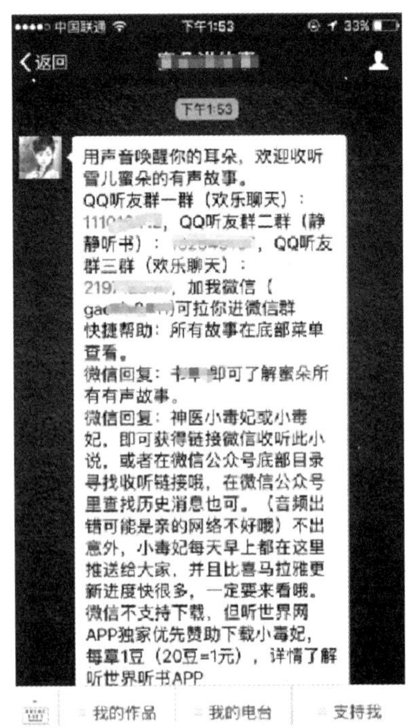

图 3-24　引导用户进群（二）

以上就是喜马拉雅系列的“截流法”。同理，很多音频类学习平台里都有这种渠道，进入这些渠道后，千万不要着急发广告而暴露我们的目的，只有让客户对我们产生信任，才能将流量变现。

2. 升级“截流法”

如果微商团队长已经能够做到熟练操作这种“截流法”，觉得一种方法不够用，就需要决定是找人帮忙批量操作，还是寻找另外一种方法继续深挖。

实操一种方法并确定有效，就说明所有的流程没有问题，我们就可以将流程罗列出来。

（1）怎么找“截流”对象。

（2）怎么加群。

（3）进群后该如何打招呼。

（4）使用什么聊天话术。

将以上流程做成标准文档，然后请人来做，报酬不需要给太多，也可以通过提成的方式提高工作人员的积极性。这个举动会极大地减轻工作负担，我们就可以拥有更多的时间和精力去研究新的方法及新的营销方式。

二、如何在喜马拉雅自主引流

相比文字和视频来说，音频是难度系数较高的引流方法。在这个自明星时代，只要内容具有个人特色，就能够成为微商团队长打造个人 IP 的利器。

想让用户对我们产生信任，最好的方式就是通过声音来表达。很多电台主播其貌不扬，但声音极为动听，粉丝就会认为他的长相肯定不会差。

每一个高门槛的社交平台都具有以下特点：

（1）长久性发展。

只要每日坚持更新并输出高质量内容，就能见到效果。

（2）平台流量稳定。

稳定源自长期高价值内容的输出。新用户看到作品后，可以通过更多的内容选择对你进行了解。内容优质，粉丝认可，关注就是顺其自然的事情。遇到忠实粉丝，他们还会想办法获取你的其他联系方式。

关注人数多，账号在平台的权重就会提升，平台就会不断地推荐你的作品给平日里喜欢听同类音频的人群，也就是目标用户群体，这样你就会获得十分稳定的流量。

（3）粉丝信任度高。

有了平台背书和持续不断的作品输出，只要粉丝觉得你还有价值，就会想办法了解更多有关你的信息，积极地参加你组织的各种活动，而这一切都源自信任。内容是信任的根基。

那么，我们在制作喜马拉雅原创音频时应该注意哪些方面?

1. 找准定位

微商团队长首先要给内容做一个良好的定位。内容必须是针对固定人群的需求来输出的，其实这也是打造 IP 的一个关键点，想要被认可，就必须有一个输出内容精准而且有价值的独特 IP。

2. 收集素材，整理内容输出

我们生产的内容并非都需要原创，可以在别人发布的内容上加入自己的见解，但千万不能原封不动地进行抄袭。记住：抄袭违法。

收集到足够多的素材后进行整理，每天讲 1 ~2 种方法，发布到喜马拉雅上。我们生产的内容必须能够给听众带来价值，并且要在讲课的时候将这个价值具体阐述，增强听众对我们的信任感。

3. 与粉丝保持联系

为了避免被封号，我们只能把广告植入放在音频最后。每次录完一段音频要告诉大家："想跟我具体交流的话，大家可以加我的微信 luopinpai2。"除此之外，还要做一个广告，表明自己正在做精准引流方法的培训，这就是一个引流的过程。

4. 形成音频引流矩阵

在录完一条音频内容后，可以覆盖到所有的音频平台，比如荔枝 FM、考拉 FM、企鹅 FM 等，形成一种音频引流矩阵，放大引流效果。

一旦粉丝对你的信任增加，不管何时何地，只要你持续输出内容，粉丝一眼就能认出你，转化率也会随之提高。

第四章

微商团队长如何做好线下地推引流

第一节　线下地推引流前期准备

如今，微商创业者大多把目光集中在线上，依靠朋友圈卖货，很少关注线下资源的重要性，实际上，线下引流是一条不容小觑的流量渠道。线下引流可以帮助我们扩大产品影响力，还可以使我们从中获取现有关系网以外的精准客户。

那么，如何策划一场高效的地推引流？

一、地推的定义

地推，即地面推广，简而言之，就是线下推广出货引流。它是目前用户最真实、投放最精准、效果最明显的引流形式之一。

二、地推的特点

地推的特点：精准度高、信任度高、影响力大。

精准度高：我们通过低成本、面对面的地推活动了解到客户需求，精准锁定客户。

信任度高：“线下 3 分钟，线上 30 天。”

在线上销售时，微商团队长需要遵循三大原则：能语音绝不文字，能电话绝不微信，能见面绝不电话的原则。这样，在线下地推时，通过面对面的介绍和互动，客户对微商团队长的印象会更加深刻，可以有效提升客户对产品和品牌的信任。

影响力大：无论是对产品还是微商团队长来说，地推都能在当地快速形成品牌扩散，提升影响力。

三、地推准备工作

地推准备工作主要有以下几点：

1. 基础物料及资料准备

主要包括产品体验装、横幅、地推资料等。

2. 人员准备

收集地推素材，确定地推地点，制作明细表分配人员工作等。

3. 六大心理准备

（1）被拒绝的心理准备。

“如果今天去做地推，我会被拒绝吗?” “客户不来买我的产品怎么办?”“没有人搭理我怎么办?”

无论是线上，还是线下，都有代理商存在这样的顾虑。原因有以下两点：

①对自己不够自信。

②对产品不够自信。

微商团队长应该要求代理商注意仪表，必要时进行言语鼓励，增强代理商的自信心，改变地推状态。

（2）抗挫折的心理准备。

做地推就是线下跟人一对一的交流，微商团队长在交流中不仅不能害怕被拒绝，还要随时保持良好的服务态度。

（3）风吹雨淋的心理准备。

在地推活动中时常会面临风吹雨淋的工作环境。如果害怕艰苦的工作环境，是不可能成功的。微商团队长要利用逆反心理给代理商注入“强心剂”：“日常打工一天干 8 个小时，早出晚归都能坚持，难道还害怕风吹雨淋吗?”

（4）没有结果的心理准备。

做微商就一定能成功吗？谁都不能保证。会失败吗？谁也不能肯定。今天去做地推，你肯定会有结果吗？谁都不能保证。

世上没有绝对能够成功的事，也没有今天干就一定能成功的事，所以，在地推开始之前，微商团队长一定要做好最坏的打算。

（5）被驱赶的心理准备。

做地推的时候，经常会有人流量比较大的“黄金位置”，但是有关部门规定这些“黄金位置”不能摆摊，地推人员就面临被人驱赶的风险。微商团队长和代理商对此要有心理准备。

（6）被冷漠对待的心理准备。

地推人员被冷漠对待是常事，不要觉得今天卖产品，别人就必须支持你。

受到冷漠对待时，微商团队长要及时给自己和代理商“打鸡血”，暗示自己：“我是来赚钱的，你拒绝我，下一个人也许不会拒绝我。”

总之，地推不简单，地推之前要做好心理准备，全力以赴去执行。

第二节　超精细化地推引爆团队地推热潮

通过地推，微商团队长可以了解到客户需求，精准锁定客户，提升客户信任度，进一步促进在当地区域形成品牌扩散，扩大影响力。

那么，微商团队长该如何带领团队进行地推？

做好以下几点，地推就能达成预期目标，甚至取得意想不到的效果。

一、选定目标区域，深耕细作

选定目标区域，在区域内通过持续性的地推活动，达到引起关注、吸收粉丝、引流、提升知名度的目的。这种方式类似于朋友圈中的“刷屏”，在地推中反复“刷屏”，让客户留存对产品、品牌的印象，客户才能与产品、品牌形成链接。

二、做好充分准备，提前预热

地推的核心在于销售，销售的核心就是“卖”。

卖什么？卖产品、卖体验、卖团队、卖品牌。

怎么卖？技巧就是提前预热！

举个例子：

治疗腰腿酸痛的膏贴产品，顾客一般年龄偏大。让微商团队长每人选出10个计划地推的乡镇。为什么选乡镇？因为乡镇是一个比较容易地推的市场。第一，乡镇有赶集日，人流量大；第二，乡镇民风淳朴，和居民比较好沟通；第三，乡镇街道的管理一般比城市宽松，比较容易找到地推的地点，不会出现被城管驱赶的情况；第四，乡镇居民日常所接触的产品、品牌面比较窄，选择余地小，竞争少。实际上，乡镇非常适合作为地推引爆的区域。

1. 预热的第一项工作：定时间周期表

（1）定好目标乡镇后，把这些乡镇的赶集日做成表格，选好地址，提前做出地推计划日期，并且做好排期。

（2）地推前5天，专门派一个人到乡镇，带上简单的资料和产品去交朋友，谈合作。选择能够和产品产生合作的当地店铺，比如超市、母婴店、药店，等等。

（3）向店铺老板阐述合作的优点：如果在店铺门口地推，我们会为他带来多少价值；我们有什么活动、赠品，包括拥有多少代理客户，会吸引多少人流。老板可以无成本地将人流转化成客户。

（4）和店铺老板谈妥之后，我们把事先准备好的地推宣传单页填好日期，放在老板店铺里，让老板发给顾客。如果谈不成，就换一家店铺谈。

2. 预热第二项工作：发传单邀约、造势

此时距离现场地推还有3天，利用半天时间，向附近居民派发传单，

告知两天后这里有什么活动，这就是销售中的邀约。我们面对的是线下的陌生人，没有客户信息前，发传单是最快，最有效的邀约方式。

我们在进行沟通前，一定要做好被提问的准备。避免以下两种情况发生：

（1）一问三不知。要做到对产品、品牌信息了解透彻。

（2）过于紧张，出现肢体不协调的情况。要做到提前准备和练习。

古人说："凡事预则立，不预则废。"有了充分的准备，有了良好的开头，也就意味着成功了一半。

三、高效的现场执行，随机应变

现场执行主要包括以下三个方面。

1. 人员分工

根据现场需求做好人员分工，各司其职。比如，负责签到、扫码收集数据的，介绍产品做体验的，现场导流的，销售跟单的，等等。

2. 团队成员言行一致

在现场地推时，微商团队长要做到整合营销传播，参与地推的所有工作人员言行一致，向客户、外界传递"一个声音、一种形象"。

怎么做到传递"一个声音、一种形象"？

打造一个品牌形象，设计T恤，分发给我们做地推的代理商，统一着装，塑造有组织、有纪律的团队形象。

无论是代理商还是微商团队长，都要以专业的形象来消除客户的顾虑，打造产品的品牌效应、口碑效应，提高客户转化率和复购率。

3. 现场沟通要穿插案例

我们在跟客户沟通时，要穿插案例，最好是自身的案例，其次是身边的案例。让客户产生"同理心"，认为我们和他是一类人，提升客户对你的好感度。

举个例子：

你是卖卸妆油的，在介绍产品的时候就可以说："市面上卸妆油品牌很多，真正能让你把脸洗干净的就不多了。第一，可能是妆面太厚；第二，可能产品设计有缺陷，让用户把脸洗不干净。我们公司的这款卸妆油就不同了，它的特点是抹上以后，再厚的妆它都能渗透，能把你的脸洗得干干净净。我自己和身边的朋友也在用这款卸妆油。"

切记地推不是一锤子买卖，地推的主要目的是吸收粉丝、引流，只有提升客户的体验度，输出价值，让客户觉得我们是为他服务，给他带来价值，才会成交。

四、持续跟进，做好后期回访

我们要对地推的客户资料进行统计和管理。完善客户资料，一方面包括姓名、年龄等个人信息，另一方面包括客户需求。这样做的目的是方便进行跟进回访，做到事半功倍。把做过标记的客户作为下一次该区域地推的重点邀约客户。

对于地推活动中添加的微信好友，我们也要做好管理，提高客户转化率和复购率，更要与客户建立情感链接。

如何通过微信做好售后服务？

1. 设置标签

在后期跟进的时候，根据不同的时间对客户设置标签进行管理。如果不能成交，就需要通过我们的课程或者其他形式，比如朋友圈的形式、公开课的形式，将其转化为客户或者代理商。

2. 通过社群用户引流

通过社群用户的朋友圈好评或二维码推荐，将社群用户的微信好友引流进来。同时，给社群用户提供额外礼品，让社群用户为我们持续推荐。

地推不简单，不只是卖货，还涉及心理问题、操作运营管理、成交话术、售后管理，这就要求我们做好前期准备，不打没有准备的仗，同时能够随机应变，根据情况灵活反应。

把握好以上四个关键步骤，精心准备每一场地推活动，流程标准化，简单复制，同一团队、同一小组在一个区域持续做好地推。多个团队在多个区域持续性做好地推。坚持1~3个月，做数百场地推，然后进行一场大演练。

第三节 同步活动，让地推引爆朋友圈

想要最大化地宣传品牌，造势扩大影响力，光做好一场线下地推是不够的，还需要同步到朋友圈。

如何集中势能，通过地推同步到朋友圈，来成倍扩大地推效应，为线上引流、造势?

微商团队长要想最大化地利用地推扩大影响力，就要在准备做地推时开始有计划地规划朋友圈素材，从而提高品牌知名度，为线上引流。

地推活动同步到朋友圈宣传有以下四大要素：

一、素材丰富

素材不只是局限于活动现场照片，从筹备、讨论会议、群内沟通、打草稿到选址调查、物料采购等，素材越多样，朋友圈内好友的参与感越强。

二、拉长事件关注的时间轴

从列出计划、筹备实施、后期跟进、搜集反馈意见到全程汇总，微商团队长要让这个过程形成一个完整的故事情节，拉长事件关注的时间轴。

三、设计朋友圈互动，增加关注度

如何设计朋友圈互动？

询问求助法：选址时，可以发朋友圈请教哪里人流量大，哪里地段好。

有奖征集法：朋友圈互动，有奖征集建议，送礼品或者红包。

这些活动的目的并非采纳这些建议，而是丰富朋友圈，增加朋友圈好友的参与感，提高关注度。

四、集中势能，宣传面要广

什么是宣传面？

地推活动的代理商要全员参与。不管哪个区域、哪个团队，只要在一个品牌下，所有代理商都将在同一时间段持续宣传造势，向朋友圈传递一个信息，即这个团队有雄厚实力，能够执行地推活动，从而给客户留下深刻印象。

所有代理商将宣传势能聚焦在一个点上，持续在朋友圈宣传造势，1个月或3个月内，让朋友圈所有好友见证我们的工作、付出、收获、成长，增强朋友圈好友的参与感。

举个例子：

大家坐汽车或者动车出行会发现车厢里都配备有安全锤。大家知道，发生紧急情况时，要用安全锤破窗，而将窗户玻璃敲破关键在于要集中力量锤到一个点上。

这就是集中势能，快速突破。微商团队长将地推活动认真筹备、规范执行，就能爆发出巨大的品牌能量。

第四节 地推成交流程及礼品准备

微商团队长前期让代理商做好心理准备，准备地推的物料，进入地推的执行环节。在这个环节，有两个最直接的步骤：第一，把客户拉到自己的摊位前；第二，让客户扫我的二维码。

一、地推活动的流程

1. 寻找目标客户，主动进行交流

找到目标客户，用赠送礼品换取扫描二维码，吸引客户注意。

2. 请客户提问

我们请客户提问就是导出客户需求，引导客户购买产品。

3. 营造氛围

地推现场要营造产品供不应求的火爆氛围，刺激消费者的购买欲望。

举个例子：

微商团队长在做地推的时候肯定会带体验装。

如果你是卖漱口水的，你可以这样说："美女，现在对牙齿保护的产品非常多，我们新出了一款漱口水，它能够去除牙渍，让我们的牙齿变得更白。今天我们做活动，你可以先体验一下。这个产品的效果非常不错，你用完一个星期之后，牙齿会变得非常白，而且你的牙结石、牙垢等会随着漱口水一起吐出来，你要不要试一下？"

消费者被打动，来到地推现场，她会发现有很多人都在试用。这时我们就得眼疾手快，说："各位，不好意思，今天来的人特别多，亲们能不能先排一下队？我们这个产品试用实在是太火爆了。"

注意抓住一个重点：

一定要群发体验装，扩大用户范围。只有前期群发体验装，将试用者转化成客户，才能实现地推价值最大化。

4. 塑造朋友圈

地推的一项作用是让陌生人成为我们的微信好友，通过持续性的微信沟通，把他们转化为我们的客户或者代理商。在微信中，朋友圈就是所有微信用户的“门面”，直接影响客户对我们的印象，因此，在做地推之前，我们一定要塑造好自己的朋友圈。微商团队长要知道地推活动中送小礼品的目的和重要性。

二、送小礼品的目的

目的一：吸引客户了解产品。

目的二：加微信增加粉丝。

目的三：促进后续成交。

目的四：让客户现场购买我们的产品。

小礼品是在地推活动过程中能够帮助我们快速吸收粉丝的辅助工具，提高地推效率的同时，也能帮助我们在意向客户面前留下良好的第一印象，后续跟进的时候就可以事半功倍。

三、小礼品的选择原则

1. 符合目标用户喜好

给白领送温暖的小毛毯，给学生送电影票，给大妈送生活用品，给去图书馆的求知人士送书签，给爱美的女生送护手霜，等等。不是说面对大妈就不能送办公用品，去图书馆的人看完书可能也会看电影，我们想表达的意思是要有足够的理由让用户接受你的礼物，让他对你的地推活动感兴趣。

2. 具备实用性

绿植可以抗辐射、净化空气，抽纸、便签等日用品也经常用到，只要在日常生活中会用到，用户便没有理由拒绝接受你的礼物。

3. 创意必须吸睛

小礼品的选择范围很大，在保证实用性的前提下，选择新潮有创意的礼品更能吸引别人注意。生活中多留意身边人的小物件，还可以掏出手机上淘宝搜“创意小礼品”关键词，找实用又好玩的小礼品。

4. 携带要方便

我们采购物料礼品，再用车搬运到指定地点，要耗费很大成本，所以不要给自己和团队找麻烦，不要选择那些难运输、难保存的物品。

5. 成本不能太高

合理控制成本，礼品价格不能过高，也不能选太次的。不求最贵，但求最适合。

通过精准计算可以得出每个场所的地推成本，划定一个成本线，在合理范围内采购小礼品，如果超出预算，需要用详细的数据分析报告来评估此次地推是否值得我们适当提高小礼品预算。

尽量不要送一些特别贵的小礼品，避免有人因为小礼品免费而来到现场，却不屑了解产品。因此，建议大家主动送给这些人一些普通的小礼品，不必花时间去沟通。

你扫一下我的二维码，我送你一包餐巾纸；你扫一下我的二维码，我送你一支钢笔；你扫一下我的二维码，我送你苹果数据线。这些日常用品都可以作为我们赠送的礼品。

6. 推荐地推礼品

（1）产品体验装。

（2）苹果数据线（批发，成本低）。

（3）厨房用品（筷子等）。

（4）定制扇子（天气热的话到人流量大的地方分发，主动拿的人很多）。

（5）卡通勺子（可以到学校附近分发给孩子和家长）。

（6）创意肥皂（可以吸引小女生关注）。

(7) 手机托架（很实用的小工具）。

(8) 削苹果小工具（可以委托水果店为你代发）。

(9) 玫瑰花香皂。

(10) 便利贴。

(11) 创意毛巾。

(12) 个性圆珠笔。

(13) 棒棒糖彩色笔。

(14) 矿泉水。

(15) 气球（吸引小孩子关注）。

(16) 毛绒小玩具。

第五节　如何与实体店结合做好线下地推引流

与实体店合作是我们大部分微商人的“心病”，很多微商人觉得与实体店合作像鸡肋——食之无味，弃之可惜；也有微商人说实体店很难谈拢，即使谈拢也不一定能提升销量，跟他们合作感觉很累。因此，直接放弃与实体店合作，今天我就教大家如何变废为宝。

一、与实体店合作的必要性

实体店存在一个问题，想要利润，又没有产能。很多微商人认为花时间和实体店谈合作，还不如自己做地推，合作的实体店卖一盒，我们早就卖了一箱，同时也增加了更多的客户。但是，地推是没办法长时间稳定地去做的，再则也不是什么产品都适合地推，因为地推活动的体验感不够强，很难留住人。很多情况下，微商用赠送小礼品的方法去增加粉丝，转头就被别人删除好友了。

那么，和微商相比，实体店有哪些优势和劣势？

实体店给人的感觉更正规，更有安全感，有营业执照，也有相对稳定的客源。所以，实体店的资源是不应该放弃的，一定要合理利用。

为什么我们合作的实体店销量这么低？主要有以下四点原因：

（1）利润不够，不能调动实体店老板的销售积极性。

（2）店里产品太多，实体店老板没有精力单独推销我们的产品。

（3）实体店老板看不清赢利点和发展方向。

（4）实体店老板不是代理商，没有销售压力，无所谓卖不卖。

想与实体店老板成功合作，必须找到他的痛点，满足其需求，才能实现共赢。

二、四招搞定合作实体店

微商团队长可以通过以下四点搞定合作实体店。

1. 如何选合作实体店

首先我们需要明确一点：我们需要合作的实体店不是随便哪家都可以，我们要找精准客户。对于做疼痛膏药的微商来说，合作的实体店可以是药店、诊所，也可以是理疗养生、足浴按摩、理发等行业的店面。

这些类型的实体店本身已经解决了专业性的问题，也更容易得到客户信任。如果我们寻找卖服装的实体店做膏药产品，他们是没有时间来学习这些专业知识的。只有本身具备养生知识的实体店才能够快速上手，才能最快地实现资源整合。

卖产品没有专业知识就是瞎卖一气，客户买之前不明白，贴上去更不知道有什么效果，最后就说产品是骗人的，这样会损害产品和品牌的形象，还会败坏代理商的名声。

2. 如何与实体店谈合作

我们开店的目的是什么？赚钱。如果我们想要赚更多的钱，这个店需要什么？需要的是顾客和流量。拿下合作实体店关键在于帮助实体店提升流量。

寻找合作实体店，我们要善于运用地图软件。高德、百度、腾讯地图都可以。用地图搜索附近的实体店，确定目标。找准目标后，我们做一个计划表，定好每天谈几家，再规划好走哪条路线更省时省力。挑选目标的时候，放弃连锁店，尽量选择私人店面，因为他们有采购权，连锁实体店都是集中采购和配送，谈了也白谈。

目标锁定以后，我们怎么谈？首先，一定不要介绍自己是代理商。你的自我介绍和穿着打扮一定要有亲和力，要整洁端庄，给人留下良好的第一印象。其次，出示你的名片，体现正规与诚意。一般在走访私人诊所和药店的时候，老板都会直接接待，告诉老板我们本次拜访的目的。所有药店和诊所老板都不会拒绝不用付钱就可以进货的机会，谁都想增加店里商品的品种。

在沟通过程中怎么介绍产品都可以，但是不要说废话，应做到简单、专业、明了，保证自己做到流利地表达，同时展示一些我们的客户反馈案例（打印一些或者存在一个专门的平板电脑里，用于直接展示）。

接下来，如果对方有兴趣，愿意尝试合作，我们就放几盒产品在店里让老板试卖。我们要跟实体店老板强调，我们的合作不只是卖产品，还可以帮助他提升客流量，增加店面营业额，这些才是实体店老板最感兴趣的地方。

3. 开展产品免费体验活动，表达诚意

首先准备一个 X 形展架和 100 份宣传页，这样实体店老板可以在不用进货的情况下吸引更多的人走进店里了解产品，相当于我们在精准客源的地点做了一次免费地推。注意，展架要通用，小桌子、音响也不能少。

实体店老板答应合作后的三天内，一定要在店里做一次免费体验活动。注意：现场一定不能加微信好友，不然老板会直接赶你走，但是，你必须做登记，帮助老板登记客户资料，资料给老板，你自己拍照留存。切记所有行为不能损害实体店老板的利益。

免费体验活动开始前，请实体店老板用自己的渠道分享出去：本店在×月×日针对某人群开展免费体验活动，请于当日进店免费体验。同时，你也要分享体验的信息。实体店老板如果有 LED 屏幕，就打上这些字；如果没有，就做一个横幅，挂在店门口三天。

如果你有同城的信息网发布渠道，如 58 同城，也可以发布信息：×月×日，××诊所有免费体验活动，针对××类患者，名额有限，欢迎

前往。

讲到这里，我们心里要有一个清晰的认识。这个活动做完之后，即使没有达到让实体店老板转化为代理商的目的，我们也通过拍照获得了客户信息，有了一个非常好的追踪话题，后期我们可以把客户加进来。

我们和实体店合作的目的是使实体店老板转化为我们的代理商，所以要开展产品免费体验活动帮助实体店老板获取客户。除此之外，我们还可以搞其他活动，帮助实体店老板提升人气和销量。但是请注意，如果当天有产品成交，直接给老板返利，老板有了人气，有了活动，还顺便赚了钱，与我们的关系自然就拉近了。

我们谈合作，一定是先让对方看到利益，而不是让对方给你创造利益。你告诉老板这份客户资料是今天登记的，回去会帮他做追踪，然后通知复购的客户都去老板店里买东西。通过这次活动可以让实体店老板了解到我们所推广产品的效果，以及我们具备的实力。

这样做完一场活动后，实体店老板绝对不会拒绝下一次的合作。精明人会算账，他知道自己只有赚没有亏。与实体店老板合作，不要只是把货给他，要让对方看到我们跟他合作的诚意，告诉他跟我们合作能得到什么特别的待遇。他与其他人合作只是带来了利润，而你不一样，除了带来利润，更能提升店铺的人气。

开展一天免费体验活动让实体店老板的店里呈现火爆的状态，对于生意人来说，这就是最好的宣传。外面的人看到店里都是人，会认为这家店的生意好。谈合作不是求实体店老板帮你卖货，而是给对方带来财富，这样谁会拒绝你？

4. 善用资源促进合作

如果我们自身或者团队的小伙伴有当地知名老中医的资源，利用好有利于谈合作。我们可以告诉药店老板，如果他现在成为代理商或者总经销商，我们就花钱请××知名老中医到他店内做义诊，知名老中医自带客源，请他去坐诊，人流量就更不用愁了。知名老中医可以在药店坐诊、指导，一旦有名医坐诊，药店会大加宣传。建议实体店老板加入总经销商以上的级别才能享受这样的福利，不然投入成本太高。

我们经常在做地推活动的时候碰到城管、工商管制。用这种与实体店合作的方式，不仅解决了自己的地推场地问题，获得了精准客源，还能开发出一个大代理商。想要利用有限的精力创造无限的可能，我们就要结合自己的实际情况制定计划，严格执行。

最后我们总结一下本节观点。想要找准我们产品的精准客户，可以通过地图软件筛选出谈判对象，不求多，但求精，上门前做好充足准备，包括沟通话术及客户案例等，站在实体店老板的角度为他解决痛点，让对方看到利益，而不是一上来就要求对方给你创造利益。先利人，再利己。

第五章

微商团队长如何做好团队管理

第一节　代理商流失率高的 5 个原因

对所有微商团队长来说，有一个核心问题始终绕不开，就是代理商的流失率特别高。你耗费大量时间、精力培养代理商的速度却赶不上代理商流失的速度。打江山容易，守江山难。代理商能在你的团队里待多久，直接影响到你的收入。

你或许会疑惑：为什么这么用心培养，最后代理商说不干就不干了？

怎样才能降低微商团队代理商的流失率？这应该是每一个微商团队长最关心的问题。想要解决这个问题，首先要分析代理商流失率高的原因。一般来说，代理商流失率高不外乎以下五个原因。

一、微商团队长忽视新代理商

微商团队长没有用心带好新招入的代理商，对代理商缺乏实际的扶持。

有些微商团队长一味招新，但对已经招进来的代理商扶持力度不够，不能真正解决代理商面临的实际问题。新代理商进团队之后不能适应，不知道做什么，长期如此，自然流失率高。

二、微商团队长经验不足

一些微商团队长也想给代理商一些扶持，无奈自己没做过销售，没带过团队，经验不足，没办法解决新代理商提出的问题。这个情况好比“将不如兵”，将军还没一个士兵的经验足，试问他怎么能带好军队，怎么能打胜仗。

要想带团队，要想代理商跟你干，你首先要把自己锤炼成一个优秀的微商团队长。

三、公司培训不系统

公司安排的培训停留在表面，只是培训一些产品知识、模式知识等，缺乏销售成交、推广引流、招商等方面的实战内容。长此以往，代理商缺乏成长的途径，逐渐流失。

四、培训流程不稳定

一个成熟的团队应该在每一个事项上都有标准的操作流程。比如，新人进群后如何快速引导，培训内容如何及时更新，等等。

如果团队没有标准的操作流程，对已有的流程没有持续更新优化，那么团队成员的能力就无法得到提升。

五、缺乏团队文化

不同价值观的人注定分道扬镳。

一个团队想要长久运转下去，最终还是要落实到团队文化建设上面。

微商团队长应该重视下列问题：

（1）内部是否有统一的团队文化、愿景、价值观。

（2）代理商跟上级的目标和理念是否一致，是否有良好的沟通方式，是否在反复强调坚决执行团队文化。

微商团队长要想留住代理商，让自己的团队发展壮大，就必须认真分析以上五大原因，找出自己团队存在的问题，制定促进代理商成长的长期策略。

在解决了代理商流失的问题之后，还有一个问题令微商团队长疑惑，代理商是留下了，但不听话，不照做，这是什么原因？

代理商不听话主要有以下 5 个原因。

1. 不知道为什么做这件事

大多数微商团队长在代理商入群后的第一节课都是培训产品知识。微商团队长把自己的产品吹得天花乱坠，却没有把具体课程告诉代理商，没有告诉代理商为什么要做微商。如果代理商不明白自己为什么要做微商，好比一个人没有方向感，不知道往哪里走。

2. 不知道用什么方法去做

给代理商制定了目标，却没有给出具体的操作方法。即使给了操作方法，却很宽泛，代理商依旧不知如何去执行。

3. 代理商不认可微商团队长

作为一个微商团队长，在团队内要树立自己的意见领袖形象。如果代理商对你的能力、人品不认可，他们就会从心里抵触你给出的方法。

微商团队长需要得到代理商的认可，反过来，微商团队长也需要认可代理商。微商人中，全职妈妈、家庭主妇一般比较多，她们可能多年未工作，跟家庭之外的人很少接触，因此，她们很可能不自信。在面对这类人群时，微商团队长一定要放宽心胸，认可她们，鼓励她们，发掘她们的优点，让她们有信心去面对各种任务。

4. 管理松散、奖惩不明

一个团队如果管理松散，奖惩不明，代理商便很容易丧失积极性，放松对自己的要求。

5. 安排的任务超出了代理商的能力

微商团队长给代理商安排任务，要充分考虑代理商的能力，如果安排的任务过重，超出了代理商的能力，代理商可能会无从下手，自信心很容易受到打击。

在了解代理商为何流失、为何不听话的原因后，微商团队长应该辨证施治，找出相应的对策，并将这些对策形成标准化的文件，给代理商进行统一培训。

第二节　技巧化打造团队的 18 个关键点

人人都可以管理团队，但不代表人人都能够管理好团队。做一个合格的微商团队长，不仅需要付出辛勤的汗水，还需要掌握方法。团队管理是决定团队裂变发展的核心。管理得好，团队中每个人便可以轻松上阵；管理不好，劳心劳力，还会亲手葬送自己辛苦打拼积累下来的事业。

罗品牌结合过去管理团队的经验，分享一些打造超强凝聚力团队的实用技巧。

一、代理预审核

微商团队长在招代理商的时候，会有人说招代理商的门槛太高，价格太贵，产品不是很好，等等。费心向这些人解释会占用你大量的时间和精力，即便他们成为你的代理商，你也需要耗费更多的精力去维护。

因此，我们开始招代理商的时候就要设置一定的门槛。可以通过各种方式层层筛选，找到靠谱的代理商。与其招 10 个不靠谱的人，不如招 1 个精英，只要团队强，就不怕做不大，因为一个强大的团队的裂变速度非常快。

二、活跃代理群

微商团队长的微信里都有许多群，如果某个群处于停滞状态，直接解散群，重新找活跃的人建群。

分享一个品牌方口述的真实案例。

我有一个下属，以前的团队业绩做得非常好。他第一个月跟我做业务的时候，就做了五六十万元的业绩，后来每个月只能做十几万元。我问他是不是发生了什么事情，他说群不活跃了，群员都快走光了。我说："那你留着群干什么?"（当时他有两个500人的群）他说："我不能解散群，解散了我怎么发通知?"我说："他们都不看群了，你留着也没用，解散掉。"

这样，他把两个群都解散了，把肯做这个品牌的一群人聚集起来组建了一个团队精英群，组织他们每天在群里面分享信息。为了保持群的活跃度，要求他们必须分享，不分享就踢出群。在他们每天分享的时候，截图发朋友圈，说自己在这个精英群里学到了什么东西，卖了多少货，从而去影响其他代理商。就这样，群里慢慢地又进精英代理商了。

所以，如果现在你的群不活跃了，立马解散，重新组建。

三、设立团队目标

做事要先有方向、目标。一个人要有目标，一个团队更要有目标，不然就是一盘散沙。微商团队长要给自己的团队设置各种目标，比如总体目标、阶段目标，等等。

四、设立目标五要素

1. 目标要有方向性

设立目标时，要保证目标明确具体。

2. 目标要可量化

以减肥为例，如果5个月需要瘦10公斤，那么一个月需要瘦2公斤，每周需要瘦0.5公斤，这就是量化。

如果设置了团队目标，比如这个月要达成100万元的业绩，在团队实力分布均匀的情况下，你有10个直属代理商，那么需要给每个直属代理商确认10万元的目标。每个微商团队长下面也有直属代理商，要进一步做这样的垂直细分，同时要在时间上做细分，而不能到月底再动员冲刺目标。招募代理商的做法也是如此，将目标进行量化，使其更可行，更易完成。

3. 定出可完成目标和具有挑战性的目标

根据过往的数据分析出可完成的目标，再定出具有挑战性的目标。

比如，第一个月招募了5个代理商，第二个月招募了10个代理商，第三个月招募了20个代理商。根据过去3个月代理商招募的情况，定出第四个月应该招募多少代理商，并进行数据分析。

4. 有明确的时间，用以检验目标、成果、行动的进度

定下目标的同时，要设定时间节点，还要有一个截止时间，在相应的时间节点要总结目标的完成情况。

5. 奖惩明确，完成目标的奖励，没有达成的惩罚

根据设立目标五要素，按以下流程对目标进行设定。

（1）确定在微商事业中希望得到什么。

（2）从加入品牌到现在有什么收获，最大的收获是什么。

（3）把目标明确写下来，变成可量化的文字。

（4）为你的目标设定一个期限并且细化。

（5）把为了实现目标而必须做的所有事情列出清单。

（6）把你的清单组织成一个计划，确定先做什么、后做什么，是否必须完成，以及按什么顺序完成，不断优化，直至完善。

（7）马上把你的计划付诸行动，并且列出详细行动计划。

（8）每天下决心做成一单，让自己朝目标前进一步，保持动力。

五、充满正能量

微商团队长管理着一帮代理商，他自身必须是一个充满正能量的人。如果微商团队长一直在传播负面情绪，就很容易影响到整个团队。

一个群里如果有人抱怨没有出货，其他人就会跟风抱怨，整个团队便会充满负能量。负面的情绪改变不了现状，但是会传染给其他人。作为一

个团队，成员之间应该互相鼓励打气，相信自己及伙伴都能成功，这样才会离目标越来越近。

六、赏罚分明

（1）当代理商达成目标时，一定要给予奖励。

（2）赏要赏得心花怒放，罚要罚得胆战心惊。

（3）赏罚分明才会自发形成竞争，共同进步。

（4）赏罚要做到公平、公正、公开。

奖惩制度要规范，人做错事情是要付出代价的，否则代理商会觉得做错事没什么大不了。如果代理商在群里传播负面情绪，就把他“请”出去，直至他心情平复后再把他拉回来，这也是一种惩罚。

在设定当月的业绩后，代理商完成了任务就要给予奖励，完不成便要罚款。

在赏罚分明的同时，对代理商不要只谈生意经，要多跟他们培养感情，让他们知道惩罚是为他好，为团队好，只有这样，团队才会形成良性竞争。

七、扶持榜样

树立标杆，然后让其他代理商学习。重点扶持20%的精英，也就是让一部分人先富起来，扶持树立几个典型代理商，会激励其他代理商奋斗。

扶持的榜样一定不能只是业绩做得最好的，还应该有奋进精神，能够引领团队发展。

八、想法立即传达

团队重要通知，团队成员好的想法、文章，实操技巧，有意义的文字和图片，要第一时间分享给其他成员。比如，某个代理商学到了新知识，卖了一包货，和一位实体店老板合作，等等。这类事情要立即传达给其他代理商，让他们有被重视感，能够促进团队成员之间的感情，提升团队的活跃度，也能让代理商更有效地给自己设立目标。

九、囤货很重要

有句话叫作“不囤货，不微商”，因为只有囤货之后才会有压力，才能逼着自己去卖货。

很多人都是因为家中困难才选择做微商，这就是赚钱的动力，所以微商团队长要适当地向代理商传达“囤货”的思想。

江南梅雨季节到了，微商团队长可以通知说：“梅雨季节到了，物流有可能出现问题，请大家提前备货。”除了梅雨季节，台风、雪天、高温天或者是重要会议节点，也可以提醒代理商囤货。不同季节提醒代理商囤货，春天到了要囤补水面膜，夏天到了要囤美白面膜，以这样委婉的形式提醒，代理商会比较容易接受。

十、给团队归属感

作为微商团队长，你要多跟代理商沟通，多关心、爱护他们，真正走进他们的内心世界，这样才是一个合格的带头人。

代理商跟随微商团队长不外乎两种原因：一是学东西；二是赚钱。所以，微商团队长要树立榜样，完善自己，用实实在在的业绩激励团队成员，促使代理商成长，让他在团队中找到归属感，并能赚到钱。

十一、团队沟通

团队沟通时，能电话说就不语音聊，能语音聊就不打字。

文字是平铺直叙的，无法表达说话人的语气，而且有时会被误解。因此，在沟通时，能语音绝不文字。但语音有时长限制，听起来又不方便，有时满屏的语音发过去，却不能及时得到反馈，只能主观判断对方的意愿。建议网上交流时使用语音或视频沟通。

当然，最佳选择还是面对面交流。这样有什么好处？第一，能看见对方的表情；第二，有利于增加信任感。

十二、让自己变强

微商团队长一定要持续学习，让自己变得更强，否则就会被淘汰。

微商团队长是团队的带头人，你要比代理商强，让代理商信服，而让自己变强的途径就是不断地学习。

十三、方法要共享

（1）个人永远比不过团队，要充分发挥团队的力量。

（2）作为团队带头人，微商团队长要把自己实践的好方法及时反馈给代理商，教方法，教技巧。

（3）安排优秀代理商定期做分享，分享自己的经验、收获，实现共同成长，共同进步。

（4）每个能卖出货的代理商都有自己独特的方法，把每个人的经验分享给其他成员，团队力量才会更大。团队有 200 个人，每人分享一个方法，就有 200 个方法！方法越多，业绩越好。

十四、演说能力

演说有 6 个好处：

（1）可以迅速提升专业度，不断练习方能不断进步。

（2）能快速发展团队，批发式销售永远比一对一销售速度更快，效率更高。

（3）听课的人会对讲课者产生崇拜感。

（4）在讲课的过程中，目标会逐渐明晰，也能提升讲课者的自信心。

（5）可以迅速提升自身影响力。

（6）可以快速有效地增加粉丝。

作为团队带头人，微商团队长要不断提高自己的演说能力，凝聚团队力量，共谋发展。

十五、组建核心层

你的团队是否有核心组？核心组有哪些，作用是什么？

微商团队长要组建核心层，团队的核心组包括培训组、素材组、群管理组、智囊团、活动策划组。培训组可以使活动流程化；素材组即文案、美工，可以展示活动内容；群管理组对活动内容进行把控；智囊团、活动策划组可以优化活动流程。

十六、团队激励

为增强团队荣誉感，可以在团队内设置荣誉榜，业绩前十名者上榜。

要为刚加入的代理商做海报，在群里介绍，仪式感很重要。

十七、培育团队凝聚力

聚会是增强团队凝聚力的最佳方法。

线上：在群里让大家彼此熟悉，互帮互助，才能打造高凝聚力的实战团队。

线下：适当举办本地代理商聚会活动；组建本地化团队，本地化代理商将是整个团队的中坚力量；搭建工作室，让本地化代理商有个温暖的家。

十八、相信并坚持，从骨子里相信品牌

相信是一股神奇的力量，做事前首先需要相信，才能做得更好。当代理商选择了你，就需要引导他相信你，相信团队的力量。

作为微商团队长，要用心带好自己的团队，人在一起不是团队，心在一起才是团队。

第三节　制度化管理代理团队的 5 个流程

许多微商团队人员激增之后还在使用原有的管理方式，没有将行之有效的方式制度化、标准化，导致有效的方法无法被复制。作为一个想要长期发展的微商团队长，特别是 1 万人以下团队的微商团队长，必须通过制度化来管理代理商团队。

以下是制度化管理代理商团队的五大流程。

一、代理商培训流程化

给代理商做培训是微商团队长工作中必不可少的一环。

建议每个月 1 日—7 日，针对新代理商开设课程，内容固定。如果团队规模增长迅速，可以在月中再开设一次课程。除代理商外，微商团队长也需要学习，每个月至少设定一周为微商团队长的进阶课程。

另外，还可以开设公开课、造势课、主题课、引流课等一系列课程，以此帮助代理商成长。

二、代理商成长体制

群内倡导团队成员对新加入的代理商提问，提高新代理商对公司的认知。

将中层代理商培养成讲师，让中层代理商给新代理商授课。

核心组的成员要轮换，比如培训组、素材组的成员要不断轮换，确保核心组的成员对每个环节都熟悉。

每个层级员工都由上一级成员教授工作方法，从而确保每个人的成长。

三、内容输出集中化

所有的素材内容由素材组统一提供，团队应该有一个素材号，方便所有的代理商统一转发，集中势能。所有的对外素材都要加上自己品牌和团队的 LOGO。

四、活动方案统一化

活动方案由核心组策划，策划完成之后，必须统一执行。所有代理商都应明确活动的基本信息、流程。

素材组要配合做一系列的素材，统一加上 LOGO，适合千人以上团队的统一发朋友圈，这样才能真正发挥朋友圈势能。

五、奖励机制系统化

对于大团队而言，单靠素材组制作素材，素材的来源渠道会偏少，因此针对素材，需要制定一个奖励机制。

出台一个奖励机制，叫“储蓄罐”，鼓励所有人参与素材收集。素材被采用奖励 1 金币，讲师奖励 5 金币，愿意值班奖励 1 金币。最后用金币兑换物料，比如 10 个金币兑换 10 片产品试用装，以此进行激励。

在团队内部培训机制中也需要应用奖励机制。对于授课的讲师，应该进行一定的奖励，来鼓励讲师优化自身授课能力。

奖励机制跟企业绩效机制设置的原理相同，找到对应的指标，对结果进行量化，这样奖励机制设置就会高效。

以上这些制度，在初期的时候会比较困难，需要做出对应的培训体系、成长机制、奖励机制等，经过初期的调整，之后便会形成稳定的流程。

以上五个流程，需要持之以恒地去做，逐步优化，最后形成完善的系统。

第四节　微商团队快速裂变的 4 个步骤

个人的力量永远比不上团队的力量，这是亘古不变的真理，做微商同样如此。

自己的零售业绩再牛，也比不过一个微商团队。微商初期思考如何卖货，中期开始思考如何做团队，团队建立后，便想着团队如何裂变，如何找到代理商，这应该是每一个认真做微商的人的真实想法及做法。

微商团队的核心就是裂变，这也是微商能快速爆发的原因。不管是新加入的微商，还是资深微商，都要学会社群裂变，转化代理商。

一、设计粉丝裂变诱饵

裂变需要流量，流量需要诱饵。好的诱饵必须满足四个关键点：低成本、高价值、高诱惑、相关联。无论线上还是线下，赠送礼品也是一门学问。在设计礼品时要根据人群定位，通过分析来选择。

注意细节：不要把自己做的产品或者项目设计到礼品之中。

诱饵的设计可以善用杠杆借力，发动群众的力量。裂变社群并不是暴力地往群内拉人，而是应该利用好奇心，吸引人们入群。

给加入群的人更多欲罢不能的诱惑，促使已入群者拉更多的人入群。要给每个人以拉人入群的理由，比如拉 5 个人入群，便发红包、送礼品，规则要设计好，发到群内公示。

注意在活动前期设置互动员，互动员积极完成任务，群主发红包，发完红包后把红包截图发到群里，以此带动群员互动。

群内好友拉人目标达成后，一定要进行奖励，提升大家的竞争意识。前三名一定会有优越感，当过第一名绝对不想当第二名，第二名则想成为第一名，群成员会自发形成竞争赶超意识，共同进步。

二、建立互粉社群管理组织架构

要提前做好社群的整体规划，比如群定位、群名、群欢迎词、群宗旨、入群规则、进群游戏等。所有细节需要核心人员参与设计，对每个环节进行完整的布局。

在建群前要定位目标人群，然后再根据目标人群来确定具有吸引力的群名，一个好的群名也能吸引更多人入群，例如“拒绝套路，提高认知”“神秘快闪群”“小哥说事群”，一定要勾起目标人群的好奇心。

邀请人入群时，对方会依据群名称知道群的大概类型，对他有何益处。一个有吸引力的群名不但可以快速吸引有需要的人，还能让群粉丝数量短时间内大增。

要想快速裂变社群，群内必须有核心成员和活跃度高的其他成员，可以 5 ~ 7 个人为一组，意见领袖一名（即群主），群管一位，群互动员、解疑员若干名，从而带动整个群的气氛。

群主不仅要塑造意见领袖这一形象，还要分配任务，实时调动每个人的积极性。组团裂变，5 个人一组，一个人拉 100 个人入群，就会建成 500 人的群。分工明确，群裂变便很容易达成。

三、开展群裂变活动

在活动开始前，群主首先做一个自我介绍发到群里。让大家了解你是做什么的，你擅长什么，建群的目的是什么，能为别人提供什么价值，等等。

例如：

我是“90后”的榜样，不靠父母，2010年只身一人来到上海，在一家公司从普通员工做到公司股东。我不安于现状，不断挑战自我，在收入还可以的情况下，于2014年辞职选择了微商行业，从小微商做到上万人团队的带头人。在我眼里没有做不到，只有想不到，喜欢挑战，喜欢冒险，喜欢结交更多带有正能量的朋友，我就是×××。

其次，做一个适合群成员自我介绍的模板。让新人填写，模板内容方便参与即可，让每个人介绍自己从事的行业，也让大家快速认识他。

例如：

大家好，我是×××，来自××，我从事×××行业，希望来这里可以更多结识优秀的伙伴，很开心可以进入这个大家庭！

最后，可以设置一些互动小游戏。比如，看图猜物、成语接龙，以便活跃群内氛围，同时也可以搞游戏成交，如1元拍卖、亏钱团购等。游戏可以从5个方面设计：破冰游戏、沟通游戏、创新游戏、团队游戏、激励游戏。巧用游戏来调动现场的气氛，目的是让群里的成员更活跃，更能感受到群的温暖。

关于活动裂变的文案，只需要表明带新朋友进群就可以得到想要的东西，文案简洁有价值，不能啰唆或者太虚，应直接表明利益点。我们可以这样写：为了让更多积极、拥有正能量的朋友加入我们这个有温度、有能量的群，凡是拉10位新人，赠送价值2980元的382种让人自动加你微信的方法，限定10个名额。

活动的最终目的是吸纳新人，为下一轮的裂变提供驱动力。对群里比较活跃的成员，以及积极向上、有号召力的人，一定要照顾好他们的利益，多给好处。例如，让他当群管、给他增加粉丝、帮他裂变、多给赠品等高价值、低成本的东西。同时，要注重培养他们，邀请他们加入管理核心群，成为群管理员，更为重要的是让他们成为自己下一次裂变的种子选手，去“裂变”他们朋友圈里的人。

四、正确做好裂变群群主

群主要考虑“无中生有”，会撩群，会搞事。

群主拥有运筹帷幄、决胜千里、掌管全局的能力。

群主要懂得分钱、分利，才能聚集更多的人。

群主是一个裂变社群的意见领袖，一定要及时告知入群的新成员本群是做什么的，加入有什么好处，主张什么，反对什么，而不是一味地拉人。一定要多交流，只有建立了信任感，群主的影响力才会更大，很多人才愿意心甘情愿地贡献自己的力量，把他的粉丝带进来成为本群成员。

在裂变群的同时，微商团队长要一个个地添加群员，同每个人单独聊天。当群里面这些成员都对你产生好感，或多或少成为你的粉丝后，我们就可以进行转化，把粉丝转化成代理商，把客户转化成代理商。当然，这需要有一定的谈判技巧。

第五节　将裂变粉丝转化成代理商的4个关键点

将粉丝转化为代理商，有以下4个关键点。

一、掌握经典主权话术

聪明的微商团队长从不会主动找人做代理商，而是用微信朋友圈去影响目标客户，凡是咨询过有意向的好友都进行备注，然后观察他们在朋友圈评论或点赞的次数。

熟悉后再主动出击："嘿，之前给你预订了一个代理商名额，你考虑得怎么样了？最近找我咨询的伙伴实在太多，我的名额不多了。"然后，根据客户的回复，一步步引导他成为代理商。

有一类人一上来就说要做代理商。对这类人，你要问："你在别处了解过吗？你对我们公司的产品是否了解？"随后，你可以把公司和产品的介绍资料发给他。如果他看过后仍然说想做代理商，你就向他说明做代理商的要求："第一，只想尝试一下的我不要；第二，问过价格的我不要；第三，想要串货的我不要；第四，必须按照公司规定价格销售；第五，做了我的代理商，就不能去别人那里拿货；第六，代理商拿货十盒起算，价格在×××～×××元。"

说清楚要求，让他心里有底，然后再找他谈："最近咨询的人实在太多，名额有限，能接受的话你就发信息给我，我安排时间和你洽谈。"

要让自己掌握主动权，让对方觉得你很专业，你很忙，很多人找你，名额有限。在气势上占优势，就会容易谈成功。

微商团队长在日常生活中要多练口才，不管是咨询还是谈代理都尽量语音，不管对方问什么，能做到侃侃而谈就算成功。

二、逐渐获取信任

虽然有些人说想做代理商，你已经把公司和产品情况跟他讲过，对代理商的要求也说了，但他可能还是无法做决定。因为你们之间还没有足够的信任，你要建立他对你的信任。

你可以跟他这样说："你可以先拿几个试试，资金投入这么少，你有什么害怕的？退一步讲，卖不掉自己用也是很好的。很多代理商开始跟你一样有顾虑，觉得自己卖不出去，可后来都找我补货。心态很重要，一定要相信自己。”

你可以接着说：“如果你还有不明白的地方或者顾虑，可以提出来，要做一个项目就要全面了解，毕竟谁赚钱都不容易，但你要是不提问，我真的不知道怎么帮你。”

你还可以说：“我们的代理商有×百人（根据自己团队成员数量来说），每天要拿货几百箱，都是优质产品，不存在假货，有假货就撑不到现在，所以你尽管放心。”

三、消除对方顾虑

有些人成为代理商其实只需要你进行一定的鼓励：“我的很多代理商之前月收入过万元都辞职了。现在正是微商赚钱的时候，再晚加入就真的迟了，什么事想成功都需要迈出第一步，现在还有什么比微商赚钱快？你要给自己一个机会尝试一下。”

对方如果担心拿货后卖不动，你可以说：“你刚开始卖货的时候，身边的朋友都会给你捧场。产品效果很好，只要你朋友用了，一定会再次购买，你再让他们帮你宣传一下，你会发现卖货其实没有那么难。”

如果对方还是下不了决心，你可以继续说：“每个平台都有赚钱的人，也有不赚钱的人，主要是看你自己。对很多平台我们都做过对比，我个人认为，对你来说，×××品牌是最合适的，发展很稳定。我的代理商平均月销量都是×××，最厉害的代理商一个月销售了×××单，挣了×××万元。”

你还可以这样说：“微商创业很简单，无非两件事：选择好产品，销售好产品。但大部分微商人第一步就错了，此后便是一步错，步步错。耗费了大量的时间跟精力来做推广，但产品的销量总是不尽如人意。我们的×××产品真的是热销产品，明星×××也在用，真的很吸引粉丝。”

四、给对方吃定心丸

要对客户负责任，得到客户信任，对方才会愿意代理你的品牌。你可以说："拿货之后我会教你很多营销知识，你放心，我会让你顺利出货，保证让你赚到钱，绝对不会压货，你要相信自己，相信我。"

你还可以介绍公司的培训："你成为代理商之后我们肯定要系统地培训，人数多就一起培训，人数少就一对一培训。你要学的东西很多，争取让自己变得更加专业，这样你在跟意向客户交流的时候，才能让对方感到踏实，让对方购买你的产品。我们的培训课程还有很多加人的方法，我们会把资料发给你，你选择两三种方法就足够用了。"

上面的四点环环相扣，综合使用，一定可以打消对方顾虑，建立信任。以上所列举的话术可以实操，落地实行。

第六章

微商团队长如何做好代理培训

第一节　如何开一场100%落地的培训会

许多微商团队长都给自己的代理商做过培训，甚至有时候会聘请专业的老师来讲课，但是往往会发现，老师讲课之后，效果并不好。

是老师不行，还是团队成员不行？都不是。讲课效果不好的原因往往只有一个，就是微商团队长不了解自己的代理商真正需要什么。那么，在给代理商开课培训之前，我们需要准备哪些东西，才能够让培训真正落地有效？

培训之前，微商团队长需要做到以下四点，让培训产生效果。

一、前期：培训调研

培训之前，微商团队长需要跟代理商沟通好培训的主题和内容，这直接关系到培训结果。如果有明确的培训需求，决策者需要考虑以下问题：

（1）想通过这次培训达到哪些目的（培训结束后你希望看到什么样的结果）。

（2）通过培训解决哪些问题或者提升哪方面的能力。

（3）你希望哪个层级的代理商参与培训。

（4）对培训时间、地点的要求。

（5）对培训形式的要求。

另外，还需要对参训者进行以下调研：

通过培训，你希望解决哪些问题？

如果参训人员没有明确需求，可以通过设计问题，充分挖掘培训目标人群的深层需求。比如，如何让代理商提升业绩，怎样控制成本，怎样提高代理商转化率，怎样去维护老客户，等等。

可以采用以下关键问题分析法：

（1）这个问题解决起来很棘手，越难的问题越重要。

（2）大家越关注的问题越重要。

（3）发生频率高的问题很重要。

在参训人员不主动的情况下，没有必要调研。如果参训人员学习意愿很强烈，参训人员的需求调研就很重要。

二、前期：培训邀约

培训不是从讲课才开始，而是从邀约的时候就已经开始。邀约是培训中最难的一步，很多微商团队长都有这样的疑惑：上级给了许多优惠政策，包吃包住，为何学员还是不愿意来？

为什么不愿意来？可能有以下两方面的原因：

（1）老师讲课质量不行。

（2）之前学过，但是没效果。

学员参加培训，想要得到两个结果：成长的结果，赚钱的结果。如果接受了一次培训，学员既没有得到成长的结果，又没有得到赚钱的结果，那下一次他便不会来。

什么样的人最容易得到这两个结果？

有意愿的人。

培训后往往会出现两种情况：一部分人觉得培训特别有用；一部分人觉得培训毫无效果。出现这两种情况的原因在于学员学习的意愿，以及学习的目的不同。因此，在邀约的时候，要筛选出那些有强烈学习意愿的人。微商团队长必须明白这一点，邀约的目的并不是要求所有人都参与，而是筛选出最想学习的人。即使第一批邀约的人数只有几十人也没有关系，只要这几十个人学习意愿强烈，他们最终的学习效果也会非常好。

如何筛选出这批学习意愿强烈的人？最好的方式就是设置门槛，收费学习。愿意付费来听课的人一定是学习意愿强烈的人。因为对于那些学习意愿不强烈的人来说，即使免费培训他们也未必会听。

三、中期：设计培训内容

每一次的培训主题应当只有一个，集中精力，方能做好一个内容。

内容的设计可以根据团队的现状确定不同的侧重点，如心态、销售、引流、招商、产品，等等。

任何课程首先要强调重要性；其次说方向，即课程的框架；再次说实操，讲技巧；最后进行现场训练，出结果。

四、后期：跟踪、复盘与监督

在一场培训会中，具体执行的部分，即老师讲课的部分，只占培训会成功的 30%，剩余 70% 是培训之后的跟踪、复盘与监督。

培训后最重要的就是复盘及实操。

所谓复盘，就是对整个培训中老师给出的观点进行全面的回顾，在脑海里重新学习一遍，从而思考哪些环节可以用到自己团队中，哪些知识虽然目前不能用，但是等团队做到某种程度的时候就可以用。

具体操作的方法是：在自己的团队中把老师讲的内容完整地复述一遍给自己的代理商听。复盘结束后，将学到的知识应用到团队中，做到马上执行。

学习知识最好的方式是：听一遍，读一遍，练一遍，做一遍，教一遍。最后一定要"以教带学"，教才是最好的学。

分享之后，还有一个重要的步骤：监督。

微商团队长给代理商分享老师讲课的精髓之后，还要监督代理商执行。制定赏罚机制，监督中如果发现代理商没有执行，要做出适当的惩罚；如果代理商执行了，也要给予适当的奖励。只有监督到位，才能确保团队真的把知识转化为行动力。

复盘必须在一周之内完成。趁着热度，快速总结，快速复制。

复盘的最后一天，团队核心组要规划下一场培训的时间、地点和人数。

以上四点贯穿整个培训过程。前期做好调研与听课人群的筛选；中期做好内容的设计，只讲一个主题；后期做好培训后的跟踪、复盘与监督。

只有切实将培训的内容落实到实操中，才能让团队真正从培训中得到结果：成长的结果、赚钱的结果。

第二节　如何建立一套真正有效的线上培训体系

我们从很多微商团队长的日常朋友圈可以观察到，线上培训成为一个微商团队越来越重要的运营手段，微商团队长要想把团队做大做强，就需要建立一套有效的线上培训体系。

课程要怎么开？什么时候宣传？什么时候招生？什么时候开课？这些问题是不是打击了准备给代理商开课的微商团队长？

我们不去讨论是否存在一个标准的开课方式，但我们可以以结果为导向，直接看课程是不是能激活代理商？是不是能帮助代理商出单？是不是能给代理商带来知识和能力的提升？是不是让团队更有凝聚力？

罗品牌服务过一百多家品牌方定制培训后，更加坚定以下观点：开课必须有流程，有分工，有机制。

一、开课必须有流程

1. 课前调研

在确定课程内容之前，微商团队长要先摸清团队内部目前的情况：

（1）代理商人数，包括各级别人数分布。

（2）目前团队明显存在的问题或者迫切需要改进的地方。

（3）确定课程培训的目标群体。

（4）确定目标群体的培训内容，比如新人成长，微商团队长打造，讲师打造，团队增员，线上动销，等等。

（5）根据团队内部日程确定开课的时间。

2. 培训流程表

为了能够更好地给听课的代理商提供学习服务，帮助代理商得到最佳的学习效果，培训期间不仅需要主持人及讲师，还必须有其他人员参与课程设计，这样培训才能运作起来。

下面这张培训流程表，如表6－1所示，清晰地展示了在什么时间节点为课程做什么工作。

表6－1　培训流程表

时间		项目说明	常规&备注
课前	倒计时5天	1. 确定教官、讲师和带队导师 2. 确定课程框和课后作业	
	倒计时3天	1. 开始做招生（此项可以视情况提前） 2. 发课程素材 3. 把课件提前准备好，给到讲师	1. 课程素材包括课程表、导师团、倒计时3天、单节课程的介绍 2. 学员人数控制在120人以内。以6个小组为单位，每组20人。竞赛金或者报名费一定要列清
	倒计时2天	1. 发课程素材 2. 20：00开导师沟通会	1. 课程素材包括：倒计时2天 2. 提醒教官，开营仪式上要发言，做好准备
	倒计时1天	1. 发课程素材 2. 【开营仪式】相关群告 3. 准备好统分表	1. 课程素材包括：倒计时1天 2. 课程助理要严格按照任务卡上的加分规则统分
课后	第1天	1. 课程助理提前建小组群（也可以开营后再建群） 2. 14：00开【开营仪式】 3. 发当日课程介绍和讲师介绍素材 4. 20：00，讲课，布置作业	1. 【开营仪式】流程：①品牌方创始人/团队长发言；②大教官发言；③课程助理宣布竞赛机制和培训流程 2. 导师配合队长做好与各组员沟通工作，引导学员做好自我介绍并相互认识，选出队长
	第2～6天	1. 12：00课程助理公布当前分数细则（战报图片） 2. 发当日课程介绍和讲师介绍素材 3. 20：00，讲课，布置作业	助理每天12：00公布前一天的分数和得分细则

续表

时间		项目说明	常规 & 备注
课后	第 7 天	1. 12：00 前跟队长收取各组名单，制作结业证书 2. 16：00 前上交最后一项作业 3. 课程助理在 17：00 前，做好所有分数统计工作，把冠军名称和结业名单给到素材组去制作证书 4. 20：00 开【结业仪式】	1. 用一个文件夹收集好结业感言 2. 助理在 19：00 前把冠军奖状和结业证书整理好，在结业仪式过程中，听教官指令，及时发出去 3. 【结业仪式】流程：①品牌创始人/团队长发言；②教官发言；③团队标杆分享；④颁奖

制作好流程表，接下来就是按照流程表的时间与内容来组织工作。

3. 组织会议

有了培训流程和人员分工，我们还需要让每个人都清楚自己所在的岗位及职责，确保培训顺利进行。

建议微商团队长在课程开始前召开以下 3 个会议：

（1）内部导师会议。提前给导师们布置任务，让他们清楚自身的职责。

（2）内部高层启动会，即所有参与课程运营人员的工作会议。目的是达成课程目标共识，分配各岗位职责，公布课程流程、竞赛机制、动销政策、听课条件，交付邀约话术。

（3）开课仪式会。由助教辅助微商团队长对所有听课的代理商开展动员大会，主要是塑造课程的落地性和实操性，提升团队形象，向听课学员介绍课程流程、竞赛机制并收取竞赛金。

二、开课必须有分工

1. 分工执行表

为了保证课程顺利进行，需要对课前、课中、课后三个阶段的工作进行分工。下面列举的分工执行表，如表 6－2 所示，清晰地展示出什么人在什么时间为课程做什么工作。

表 6 - 2　分工执行表

<table>
<tr><th>阶段</th><th>项目</th><th>工作内容</th><th>负责人</th><th>开始时间</th></tr>
<tr><td rowspan="14">课前</td><td rowspan="6">内部高层启动会</td><td>课程目标说明</td><td rowspan="8">总指挥</td><td rowspan="8">开课前
2 天</td></tr>
<tr><td>解说课程流程</td></tr>
<tr><td>公布竞赛机制</td></tr>
<tr><td>交付邀约话术</td></tr>
<tr><td>公布动销政策</td></tr>
<tr><td>公布听课条件</td></tr>
<tr><td rowspan="2">成立作战指挥部</td><td>单独建群，分出总指挥、教官、团长、主持人</td></tr>
<tr><td>公布以上岗位职责</td></tr>
<tr><td rowspan="3">会员动员会</td><td>各团队内部说明会</td><td rowspan="6">团长</td><td rowspan="3">开课前
2 天</td></tr>
<tr><td>塑造课程的落地性与实操性</td></tr>
<tr><td>公布竞赛机制并收取竞赛金</td></tr>
<tr><td rowspan="3">开启全员邀约</td><td>制定队名称、口号、相册背景、LOGO</td><td rowspan="3">开课前
1 天</td></tr>
<tr><td>打印图文资料分发</td></tr>
<tr><td>邀约结果汇报至教官</td></tr>
<tr><td rowspan="7">课中</td><td>《微商创业引爆移动互联网经济红利》</td><td>作业：编辑一段文案说明做微商之前与做微商之后的我，发到朋友圈，并@10 位意向客户</td><td>教官，检查作业</td><td></td></tr>
<tr><td>《简单粗暴的产品介绍让销售一步到位》</td><td>作业：用 FAB 法则写出 20 个产品卖点，并发布到朋友圈</td><td>教官，检查作业</td><td></td></tr>
<tr><td>《18 招打造自动成交力的朋友圈》</td><td>作业：列出 50 个可能购买我们产品的客户名单，包括姓名、电话、微信等信息</td><td>教官，检查作业</td><td></td></tr>
<tr><td>《极速突破销售潜能》</td><td>作业：记录今天的线上运销过程，写出你的出单感受，发到朋友圈并@10 个好友</td><td>教官，检查作业</td><td></td></tr>
<tr><td>《让你快速成长的专业微商活动》</td><td>作业：用今晚老师在课上展示的话术去成交新客户，然后把其中一个成交的截图，进行朋友圈展示，以表达感恩</td><td>教官，检查作业</td><td></td></tr>
<tr><td>《团队标杆技能分享》</td><td>作业：将听课心得发布到朋友圈，字数不少于 140 个字</td><td>教官，检查作业</td><td></td></tr>
<tr><td>《聪明微商的攻心术》</td><td>作业：用 140 个字以上的文字表达对老板与公司的感恩</td><td>教官，统计出单</td><td></td></tr>
</table>

续表

阶段	项目	工作内容	负责人	开始时间
课后	总结会	核心高层与品牌方开总结会	总指挥	当天课程结束后
	收集反馈	品牌方创始人视频反馈	主持人	课后第1天
		团队长课后感受，文字表达		
		整体业绩结果数据公示		

2. 建群交接工作

在开课之前，微商团队长要根据工作内容确定各个环节的负责人，做好开课前的人员分工。为了提高培训过程中运营人员的沟通效率，根据工作人员的功能划分，建群做针对性沟通，可以建以下4个群：

（1）总控群。此群应包括所有参与课程培训的运营人员，用于及时反馈课程情况，发布最新课程信息。

（2）导师群。团队的活跃状态最能体现问题，因此及时跟进并调整团队氛围的导师至关重要，这也是导师群存在的必要性。

（3）队长群。各组竞选出来的队长需要在导师的指导下负责对培训过程中小组的整体把控，因此对队长的单独指导至关重要。此外，队长群还有一个收作业的功能。

（4）学员群。这是所有学员听课的大群，所有学员在此群一起学习，感受团队竞争的乐趣和荣誉感。

三、开课必须有机制

1. 竞赛机制

制定竞赛机制，如表6-3所示，通过收取竞赛金来激励学员投入，公布奖励吸引学员积极完成课程任务，最终达到学员获得个人成长的课程效果。

2. 导师模式监督机制

每一个小组都配备一位导师，导师不仅要督促学员完成课程学习，还要鼓励学员主动完成任务，分享收获。导师通过实操培养学员的专业微商能力，可以说是课程培训中最重要的角色。

微商创业不易，知识为你赋能。作为一个微商团队长，角色的转变带来知识内容的进阶，管理和运营能力是微商团队长必须学习的。只有掌握一套成熟的开课流程，才能组织代理商学好课程，才能使你的团队成长为有实力、具备完善体系的成熟微商团队。

表 6－3　竞赛机制

课程竞赛机制
一、竞赛时间：2018 年 12 月 9 日 18：00 起至 2018 年 12 月 18 日 18：00 结束。 **二、参与要求**：缴纳学费 99 元，写入学承诺书，建群后收取竞赛金 100 元（竞赛金由队长统一收齐后交给筑梦团队课程助理。) **三、竞赛加分细则** 1. （开课前）团队建设 （1）确认队长与副队长 +10 分； （2）起好团队队名 +10 分； （3）起好团队口号 +10 分； （4）确认团队标志 +20 分； （5）利用工具制作团队视频相册 +50 分（至少包括 80% 队友的个人照片)； （6）完成以上四项耗时最短团队 +100 分，第二名团队 +50 分，第三名团队 +20 分； 2. （开课前）邀约听课：每邀请一人 +10 分 3. （课中）完成作业：单人 +10 分，七天累积为团队完成作业总分 4. （课中）分享加分：前三名提交课程第二天分享人名单的战队 +50/30/20 分 5. 品牌方老板与教官拥有权力随时为任何优秀学员的学习成果加 20/10/5 分 **四、奖项结果：** 根据积分排名得出“团队冠军”“团队亚军”“团队季军”。 **五、奖金分配** “团队冠军”奖励竞赛金 50% “团队亚军”奖励竞赛金 30% “团队季军”奖励竞赛金 20%

第七章

微商团队长如何做好线上招商

第一节　开好一场微信公开课的 7 个步骤

很多品牌方和微商团队长在开展线上公开课的时候，由于不懂流程，也没有专业的讲师储备，只好邀请团队之外的老师来讲课。这样做的弊端在于无法随时安排课程，成本也会比较高，所以，我们必须在自己的团队里培养讲师，建立一个可以复制的培训体系。如果说请团队之外的老师讲课是我们的外部输血系统，我们还得有自己内部的造血系统，这样才能保证团队的健康发展。

为什么微商团队长一定要学会开好公开课？因为一场成功的公开课效果往往是惊人的。

在自己的团队里培养讲师有以下三点好处。

（1）将代理商培养成讲师，可以帮助他们快速成长。

过去的经验让我深刻认识到，当一个人有能力站在舞台上自如地分享的时候，这个人的成长速度是非常快的，是不能用常规的眼光去看待的。

首先，学会讲课能让他自己的微营销知识得以巩固；其次，他可以通过一对多分享去锻炼自己的口才和表达能力；再次，分享的过程就是一个吸引粉丝的过程；最后，分享还可以锻炼一个人的成交能力，因为分享的最终结果都是要做成交。

（2）稳定的培训安排，可以让整个团队得到快速成长。

分享就会带来学习，学习就会带来成长，成长就会带来能力，能力就会带来业绩。

（3）可以直接增加业绩。

当我们的代理商在讲微信公开课的时候，只要主题合适，除了内部人员可以听，我们还可以邀请潜在客户来听，并且设计成交环节，感召潜在客户成为我们的代理商。只要有一套成熟的成交流程，成交就会变成一件理所当然的事情。

组织一场成功的线上公开课有以下 7 个步骤。

一、课前：确定课程主题和听课对象

开公开课之前一定要明确课程定位，有定位才能吸引客户。我们可以从以下三个角度去思考：

（1）你的优势是什么。

（2）你想要吸引哪类听众。

（3）这类听众有哪些痛点。

确定好目标听众后，就跟进他们的痛点，定出相应的主题即可。

举个例子：

如果我的目标很明确，就是想要转化意向代理商，那我要讲的课程就会偏向这几个主题：《朋友圈营销秘籍》《微商赚钱宝典》《微信这样玩才赚钱》《微信群营销秘籍》。因为怎么做微商，微商人怎么做才能赚到更多钱，是很多想要做微商的或者已经做微商的人想知道的问题。

再举一个例子：

如果我的目的是要销售，而目标客户又是“宝妈”，就可以讲《×××护肤秘籍》《儿童早教公益课程》《婴幼儿皮肤问题的预防及护理》等，我不仅能给她们提供知识，还可以借此带来成交。

我们在拟订主题和听课对象的时候，一定要先和内部核心代理商讨论。这一步是公开课成功与否的关键，如果定位没找准，后续的工作做得再好，也是一场失败的公开课。

二、课前：确定开课流程和角色分工

首先我们要确定公开课的时间，提前做好准备。

至少提前一周做好策略规划，提前三天在朋友圈做开课倒计时预热，设计好相应的宣传素材。提前两天在群里发红包进行互动，建立基础信任，公开课学员肯定不是每一位都对主讲老师很了解，所以我们要通过讲故事侧面塑造主讲老师的形象，同时主讲老师也要在群里多互动，拉近与学员的距离，让大家认可自己，只有这样才能提高群内成员的在线听课率。

在筹备一次线上公开课的过程中，不仅要有一个主要负责人，还要有负责每个细节工作的会务人员。

主要负责人可以是微商团队长，也可以是团队内部有能力、有担当、有号召力的代理商。主要负责人的工作是统筹公开课流程、竞赛机制、人员分配、宣传工作、邀约工作等，所以主要负责人的责任重大，如果有讲公开课的经验更好。

其他会务人员的安排如下：

（1）群管理员一位。群管理员制定和发布群规则，做好课前、课中、课后的客服工作，解决讲课过程中的一些突发状况，协助主讲老师为学员解答各类问题。比如，群里有人发广告、乱加人或者发负面信息，群管理员就需要把这些人及时踢出群。

（2）主持人一位。要求主持人嗓音洪亮，能与学员做有效互动，使群里的气氛活跃起来，在上课前做好主讲老师及课程的价值塑造，提升学员对课程的兴趣。另外一项工作则是在语音课程进行中打出重点文字，标记爬楼密码进行引导。

（3）主讲老师一位。要求主讲老师在团队中具有一定的影响力，不需要有非常标准的普通话，但要求咬字清晰，表达能力强，精神饱满，能带动学员的情绪。

（4）互动人员 10 位以上。尽量不要选择内部人员担当这个角色，可以私聊我们的忠实客户帮忙带动群内氛围。

（5）成交人员若干名。假设想要此次公开课达到招商或者成交的目的，就要制造爆单现场。把转账截图往群里发，根据我的实战经验，在发送 5 次成交截图之后就能推动一次真实的成交。因为通常我们都会在招商上设置限时福利，所以成交截图的对话中也要着重强调这点，利用截图对话消除意向客户或者意向代理的顾虑。

转账的人可以围绕这些话题说：

上次不是还说最少990元，现在只需要660元？

上次用了你家的牙膏和洗发水，家里人都觉得好用，反正在哪儿买也是买，这次我也给自己一次机会吧！

一直都在关注你，看你做了这个之后生活改变好大，我也想趁这个活动加入尝试一下。

牙膏才卖25元，还包邮？不亏吗？哈哈哈。

你努力的态度我一直都很欣赏，我相信你一定可以带我飞。

以上话术大家可以作为参考，大家也可以在会前准备好话术内容分配下去。

（6）好评反馈人员5位。在讲课过程中好评反馈人员可以进行老顾客式的互动，让陌生客户降低防备心理。

（7）素材组人员若干名。素材组人员要求能比较熟练地使用一些制作小视频和朋友圈图片的APP，准备我们在课程宣传和讲课过程中需要用到的一些素材，包括朋友圈小视频和海报图片、朋友圈前后造势文案、话术（邀约、转化）等。

三、课前：确定招生策略和邀约方法

1. 确定招生策略，课程是否收费或收竞赛金

为了鼓励大家坚持把课上完，我们可以选择收取学费或竞赛金的方式，价格不用很高，可以是9.9元一节课或者29.9元听三到五天的系列课，目的不是赚钱，而是刺激大家听课执行。完成作业，表现优秀的人可以获得奖励，激励学员认真完成作业。

至于奖励金分配，给大家一个建议，可以将成交或者完成每天的作业作为评分标准，奖励分为团队奖励和个人奖励，团队奖励占大部分，个人奖励占小部分。将奖励金集中起来，金额就更大，更能刺激团队中的狼

性。不建议让多数人获得奖励这种想法，这种奖励不痛不痒，让人缺乏荣誉感。

2. 确定公开课听众的邀请方法

（1）把事先准备好的邀请群发话术拿去做群发。但是这种方法显得诚意不足。

（2）首先和直属代理商一对一沟通，向他们说明公开课的作用，从学习到成交的层面说服你的代理商，让他们听课。接着让你的直属代理商去找他们的代理商，一层一层去沟通邀约，这样会让下级代理商感受到团队真的花了心思和时间给大家培训。

在前期邀约时间充分的情况下，建议大家同时使用两种邀请方法。

四、课前：做好课前宣传和预热

课前宣传和预热主要包括以下几点：

（1）在课程开始前召开会议。把流程按前、中、后的方式，用 Excel 表格形式展示出来，让大家知道公开课的流程、工作细则和对应的负责人，每个人都要明确自己负责的事项。

（2）发放朋友圈宣传素材。课前发的素材内容是课程预告，课中发的素材是为了展现课程价值，课后发的素材就用客户反馈见证课程效果。把这三个阶段的宣传工作做好，让更多人了解我们的课程信息。

（3）在群内公布课程信息。每天至少更新 5 次以上群公告，包括课前 1 小时、课前 15 分钟提醒等。

（4）课前 15 分钟，所有成员应极力烘托群火爆氛围。这时候，群管理员或者主持人就可以用红包测试在线人数。让每个人刷即将开课的群公告，这样能带出更多在群里不发言的人。

五、课中：开课期间的管理与气氛烘托

开课期间的管理与气氛烘托主要有以下几点：

1. 有吸引力的自我介绍是批发式成交的第一步

我们在正式开课前都会先做自我介绍。很多人是这样介绍自己的：我是×××，来自××，很高兴在这里和大家相识……

其实这样的介绍效果并不好。既然我们是有目的地演讲，一定要在自我介绍的时候就勾起学员的兴趣，否则再好的内容都很难让人关注。有吸引力的自我介绍是批发式成交的第一步。

有吸引力的自我介绍通用模板：提出问题＋表明结果＋对比和反差。具体怎么实现？

给大家举个例子：

我曾经是一个毫无收入的全职主妇，但是在我选择了做微商之后，短短三个月时间就做到了月收入五万多元，大家知道我是怎么做到的吗？

一开始先提出问题，在问题中进行对比，体现反差。从毫无收入的家庭主妇到月入五万元的微商大咖，无论是谁听到这样的逆袭故事，都想了解其中的细节，希望自己也能实现这种逆袭。这样我们就在第一时间获得了听众的关注，勾起了他们的好奇心，为后面的成交做铺垫。

接下来就是表明结果，塑造成就感。比如，月入五万元，团队过百人，这些就是可以量化的结果，是你可以引以为豪的结果，同时也是别人可以看到的结果。有时候我们也可以不用收入和团队大小来衡量，只要说出你目前最拿得出手的成就就行了。

2. 有效互动

互动的目的是拉近群成员之间的距离，活跃群内气氛。当讲师提问的时候，就和学员进行了互动。如果整堂课的气氛比较沉重，显得没有活力，这个时候主持人就要随机应变，想办法活跃气氛：“伙伴们，如果你认为老师讲得很精彩，请把鲜花刷起来，老师看到大家很热情，就会把自己所有的看家本领都分享出来！”“大家认不认可这一点？认可请打‘1’。”

除了讲师和主持人以外，核心代理商也要在群里积极互动。“老师讲得真棒。”“对，我就是做护肤品没赚钱，压了很多货。老师讲到我心坎里了。”

“老师，我课后可以加你私聊吗?”通过代理商互动，引来其他人关注。

互动环节要提前设置，也要提前在内部做宣传，让大家有积极互动的意识，然后快乐地参与。要让大家明白，参与的过程就是体验的过程，收获的过程也是成交的过程。

3. 送奖品也是一种有效的互动方式

送礼品通常有以下三种方法：

（1）在讲课过程中发红包，手气最佳者可获得奖品。

（2）提问抢答，第一个答对的成员可以获得奖品。

（3）成交环节抢名额，制造紧迫感。比如，前 30 位下单者可以获得奖品，30 名之后下单则没有奖品或者说奖品价值变小。奖品可以是产品试用装、书籍、代理商名额等。

4. 主讲老师要提前熟悉课件，结合产品实例讲课

为了保证课程顺利进行，工作人员要提前调试好网络，选好讲课地点，环境必须安静，否则会影响学员的听课状态。主讲老师在开课前要熟悉课件，结合产品实例讲课，给学员传授实操经验。

六、课后：成交转化环节的节奏控制

通常最后一天的公开课会有转化成交环节，成交人员就需要根据明确的成交主张和限时限额的促销方案促进当场成交。

会务人员在课前和课后可以在群里多互动，但是课中不建议刷屏，适度少量跟帖就好。如果担心冷场，建议事先让自己的代理商在群里“听话照做”，以保证群里的活跃度。

在成交方案公布 1 分钟内，至少要出现第一个转账截图；在前 5 分钟，出现 5 ~ 10 个转账截图。保持半小时到一小时的时间在群里多次引导，互动解答问题等。

课程结束时，立即通知所有代理伙伴第一时间跟进自己邀请进群的人，询问课程有没有听完，对我们的品牌或产品的看法。课程结束一小时后、两小时后及第二天上午，更新群公告，告知课程爬楼号，提醒没有及

时听课的伙伴去爬楼补习。第二天再次跟进所有邀请的人。

七、课后：总结复盘

课后的三天时间内，无论本次微信公开课成功与否，都需要整个团队复盘，讨论邀约环节、宣传环节、成交环节等流程顺利与否，问题出在哪里，有什么更好的解决办法，总结得失，为下一次的公开课提供借鉴。

每一次都对流程及内容进行优化，我们的公开课才会变得越来越完善。

第二节　如何让你的每一次公开课都实现人气爆棚

在每一次开课之前，招生和邀约都是一件让人头疼的事情。招生过程中的任何一个环节没做好都会直接影响课程效果，听课人数得不到保证，课程氛围就很难持续地活跃。如果是招商和成交课，还会直接导致收不到钱，既浪费人力、物力，也打击了团队的信心，

所以，做好课前的招生和邀约工作也是一件很重要的事情。

一、确定招生策略和邀约形式

每个公司、品牌和团队资源不一样，招生策略可以不同，但是一定要设置门槛。培训界有句名言：学习不交费，永远学不会！想要获得学习资格，那你就要付费或者按照我的规则去做。有代价的学习资格才会被珍惜。

以下是最常用的4个听课门槛：

（1）带一个朋友来，就可以免费进入微信群学习。

（2）在今天20：00前扫码进群可获得免费名额，今天20：00之后一律按300元/人收费。

（3）转发这条信息（或转载此图）到你的朋友圈，截图私信我，即可免费获得价值300元的课程名额一个。

（4）支付29.9元的报名费或竞赛金。

讲完招生策略，我们来讲如何邀约别人来听课。先说招商课应该如何邀约。

第一步：提前把开课信息传达给代理商或者意向客户。我们如果直接发入群邀请链接过去，对方会觉得莫名其妙，甚至还会认为有广告嫌疑。

（1）编辑开课通知，包括课程价值、课程时间，以及如何参与，同时可以结合稀缺性去讲，营造紧迫感。

给大家提供一些参考文案：

什么策略可以一天出货100单，而且团队可以复制？

××老师已经培养出6000位出货高手。

××学员把品牌做到月流水1亿元，拥有30万个代理商。

×××原来每个月收入不到3000元，现在成为月入3万的赚钱能手。

价值580元的《卖货密码》课程，××老师主讲，本次公益免费。

如果你想做到随时随地都能出货，想要招到更多代理商，还想把这些出货大招与招商秘籍复制到你的团队里，请你回复数字“1”。

晚点我会拉你入群学习，今天20：00在500人群里见（名额有限，群满你就进不去了）。

（2）用群发助手，根据顺序，每次选择通讯录里的200个人作为群发对象。通常情况下，短时间群发不要超过3次，也就是最多连续群发600人之后我们就要间隔一段时间，才能进行下一次操作。

（3）我们群发通知后，对方就有充分的思想准备，知道晚上你这里有个课程，而且很有价值，有些人就会回复数字“1”。

第二步：批量拉人。把所有你群发了信息的人拉入群（不管有没有回复数字“1”)。

（1）根据腾讯公司规则，只要微信群里未满40人就无须对方同意，可以直接邀请入群，所以你在做第二步的时候要确保该群人数在40人以下。群里达到40人以上时，每次最多只能邀请40个人进群。

（2）发送群邀请一次只能发给40人，群发通知200人，你需要操作5次。群发通知600人以后，就需要发送群邀请15次。切记每邀请一次就要做好记录，以免错漏或者重复邀请。

（3）群发通知和发送群邀请的时候，通讯录的好友排序会不同，我平时群发通知都是按照昵称字母排序，一次通知400~600人，以字母为单位，例如通知从通讯录A-C字母的最后一位结束，再发送群邀请，这样就可以确保一个好友都不会遗漏。

在做完这两个操作之后，只要对方对你的课程感兴趣，就会点击入群。经数据统计得出，近期添加的好友入群率在50%以上，过去添加的好友入群率在30%左右。

第三步，借用外力造势。比如，将公开课（入群二维码）相关信息发到朋友圈集赞，集50个赞、100个赞、200个赞、300个赞分别获得相应的大礼包。礼包可以是红包、打包课件、免费听课内容、自己的产品、一对一辅导一周的引流方案等组合。

通过这三步，基本上都可以让我们的公开课人数达到500人。有了500人，才有一个“势”，有“势”才能做分享和做成交。

注意，要先拉你的通讯录里的人进群，然后再进行裂变。因为，你的通讯录里的人也是你朋友圈的粉丝，他们了解你，对你产生信任，比较容易成交。如果群里进来的全部是陌生粉丝，成交就会有点困难，也就是你要优先照顾你的通讯录里的粉丝。

比如，你的朋友圈里有3000人，因为现在朋友圈信息太多，所以平时可能只有不到300人能看到你发朋友圈，但如果把这3000人拉进你的6个500人群，你在群里输出价值，就能让这3000人感受到你的价值。

二、制作课程相关的朋友圈宣传素材

我们在每次开课的时候都要设置一个物料组或者素材组。课前至少提前 5 天安排素材组人员制作与课程相关的朋友圈素材，至少提前 3 天号召整个团队成员将素材发送到自己的朋友圈，以扩大影响力。

课前发的素材内容主要是课程预告，比如课程表、主讲老师介绍等；课中发的素材主要是展现课程价值，让别人知道听了我们的课可以得到哪些收获；课后发的素材就用客户反馈截图和能表现课程氛围的截图。

重点说一下讲师的海报。在制作与讲师相关的宣传海报的时候，主要列出讲师的业绩和长处，目的就是树立威信，让更多的人看到讲师的过人之处。只有让人心服口服的讲师才更具吸引力。

把课前、课中和课后三个阶段的宣传工作做好，能让更多人了解我们的课程信息，感受到我们团队的实力。

除此之外，我们还可以制作看起来更高级的邀请函。

首先，邀请函的主题要吸引人，抓住目标人群的需求点，让他们感到好奇，想进一步了解。其次，突出我们的优点，这场招商会绝对不是单纯招商，不管你对我们的项目感不感兴趣，只要你听了这场招商会，你就会有收获。最后，排版鲜明。人都是视觉动物，谁都抗拒不了美的诱惑，面对高颜值的版面都会忍不住看一眼。笔者建议大家把邀约函做成动态的，配上震撼人心的背景音乐。

三、召开课前会

我们所说的课前会通常分为两种：一是内部课前会；二是学员课前会。

至少提前一天召开内部课前会，给参与课程组织的所有人通报目前的招生进展，并再次明确开课时间、开课流程和一些需要注意的细节问题，让每个人明确自己的工作任务和基本要求，以保证课程顺利进行。

尤其是成交环节，一旦某个部分出错，就可能影响结果。赚不到钱，会大大打击团队的自信心和积极性。

学员课前会开会时间一般选在正式开课的前一天晚上，把课程内容、课程价值和相关的规则给大家再讲一次。尤其是在安排了竞赛制度的课程中，要多次宣讲我们的制度和规则，这样才能保证让更多的人参与，使我们的课程进行得更顺利。

第三节 线上招商会的7个成交内容核心

很多品牌方和微商团队长都举办过招商会，为什么有些团队可以通过招商会招到代理商，还能与客户成交，有些团队却无法收到预期效果？

一场招商会的发起者不仅需要做内容，更需要掌握方法。招商会可以直接影响团队裂变发展，举办好了成交率高达80%以上，可以作为长期裂变发展的端口；举办不好既劳心劳力，还会使团队士气一落千丈。

在做好招商会的前期准备之后，我们应该把工作重心放在招商会讲课的内容环节上面。那么，如何设计讲课的内容？可以从以下7个角度去切入。

一、趋势

做个顺应趋势的人，对于这个观点，笔者相信不会有人反对。我们处在中国电商经济快速发展的时代，微商行业迅速崛起并且以一种令人惊叹的速度往前推进，这就是宏观的大趋势。一切悲观论调，笔者认为都是逆趋势的。

再从微观层面来看个人的发展，既然社会发展的大趋势是电商经济快速发展，科技日新月异，我们每个人不断学习，更新知识，提高技能，是否也是趋势所在？只有跟对了趋势，你才能站在财富风口上。

所以，我们要把自己的行业结合趋势来讲，比如分享经济、新零售、健康产业，等等。在讲趋势的时候，务必加入一些真实的数据，比如国家出台的政策、权威媒体发布的新闻，等等。

二、公司背景

我们选择一份工作，会考虑这家公司是否正规。我做了业绩公司不发奖金怎么办？公司垮了怎么办？如果公司不正规，卖的产品出现问题怎么办？这些都是职场人的正常想法，所以我们要想办法消除他们的顾虑。

只有让意向代理商充分了解公司的背景和实力，他们才会放心地跟着我们干。所以，我们要把公司完美地呈现出来，如公司简介、公司生产线视频、明星代言、大型活动，以及各种相关资格证书等。要从代理商的角度出发，塑造一个有实力、有口碑、有情怀的公司。

三、产品

产品绝对是经营的核心，因为干得长远的微商都是靠口碑说话，这也是客户购买时首先考虑的因素，我们在让客户了解产品的过程中需要达到以下目的：

（1）了解产品：介绍产品的卖点和独特性，突出产品的技术领先、品类优势和性价比等。

（2）指导消费：对商品或服务内容尽可能详细描述，科学解释，让客户了解产品的特性，掌握产品的操作程序，从而达到引导消费的目的。

（3）宣传企业：介绍产品的同时，也宣传了企业，使消费者了解品牌价值，兼有广告宣传的性质。

四、制度

我们需要挣钱生活，同样，来了解我们招商会的伙伴也要挣钱，所以，我们代理制度的优势一定要表现出来，可以结合故事来讲。比如，××是一个出身平凡的“宝妈”，一直想改变命运。她尝试过很多行业，但都因为没有学历和工作经验屡屡碰壁。直到有一天加入了我们的微商平台，我们的制度优势让她通过努力取得成功，这个平台的包容性很强，也没有什么门槛，所以只要一直坚持下去就会得到你想要的结果。

讲制度的时候，务必用最通俗的语言来表达，一些微商团队长在招募代理商的时候，罗列了一大堆数据，听课的人直到最后也没有弄明白自己加入团队后到底能赚多少钱。建议用最直观、最通俗的语言或者视频来对制度进行解析。

五、文化

我经常说小团队靠个人，中团队靠管理，大团队靠文化。一个没有文化的团队如同聚集了一群没有灵魂的人。如果没有让客户看到我们的文化体系，就等于呈现了一个不完整、没有血肉的团队。我们可以讲公司文化，也可以讲团队文化，结合一些故事来讲，给予客户最真实、最直观的感受。比如，我们的团队文化是坚持，树立的一些标杆人物做一些仪式感强的举动，坚持每天 8：00 语音打卡，每天跑步 5 公里，或者坚持每周做一次工作总结，等等，截图到招商群里，别人就会感到我们的团队很温馨，很有爱，很上进，他们才会愿意了解更多有关我们团队和品牌的事情。人都是感性的，一些人在生活中磨灭了激情，而我们能重新激起他的创业热情，还担心失去这个客户吗？

六、领导者

有些话是这样说的：

跟着百万赚十万，跟着千万赚百万！

押对牌赢一局，跟对人赢一生！

一根稻草不值钱，绑在白菜上就是白菜的价格，绑在大闸蟹上就是大闸蟹的价格。

传递给客户这些思想，然后从个人经历、从业经验、目前的成就和性格等方面去包装团队的领导人，让大家觉得跟随这样的领导人可以少走很多弯路，跟着成功人士的脚步就一定会成功。

七、优惠政策

在前面铺垫了这么多之后，相信客户对品牌和项目有了一定的了解，产生了信任，甚至激发了他的购买欲望，这个时候还不够，我们还需要设计一个环节引导他下单。常见的方式有以下 3 种。

（1）设置价格锚点。先展示同种品类其他品牌的门槛有多高，在逻辑合理的情况下越贵越好，然后再抛出自己的低价、低门槛。

（2）通过平摊价格的方式引导客户下单。有些品牌门槛比较高，就可以告诉客户，下单之后产生的价值远远高于价格，得到的产品即使自用也很划算，也可以将价格除以天数，摊低成本，引导客户下单。

（3）最常见的一种方式是限时限量。比如，限时优惠、限量名额、设置身份门槛（比如必须年收入 20 万元以上的人才能加入），制造稀缺性和紧迫感，以进一步引导客户成交。

给大家举个例子。比如，此次招商会的目的是成交和宣传，那么我们可以做以下福利：

①原本需要充值 990 元才可以获得的经销商资格，今天限时前 10 名充值 660 元就可以得到。

②不仅可以获得 660 元相应价值的产品，我们还有专业的成交手册、朋友圈打造体系课件送给大家。

③下单可以免费参加价值 299 元的《零售客户绝对成交话术》课程。

④赠送价值 5000 元/月的一对一朋友圈整体升级服务。

以上几点是我们为了达到成交的目的所赠送的福利，对于未成交的客户，我们应该如何继续转化？

我们可以把一些课程作为福利，鼓励大家参加下一期的课程，比如价值 299 元的《零售客户绝对成交话术》课程，今天参加招商会的伙伴只需要 9.9 元就可以听。如果你愿意转发朋友圈集赞 30 位，那就不需要花一分钱听课。调动大家的积极性，让他们和你产生二次关联，我们的课程在突出专业性的同时，也要突出我们能提供给对方的价值。

第八章

微商团队长如何开好线下沙龙

第一节 线下沙龙七大邀约话术

微商作为电子商务经营者，与顾客进行线上交流，无法看到对方的神态，只能通过打字、语音留言来交流。我们想要表达的情感难以完整地呈现在对方面前，因此线下交流是必不可少的一环。

很多人认为微商只需要在线上销售，不用见网友。然而，不会落地的微商不是好销售员。微商团队长的客户资源不应该只局限在线上，拓宽线下资源也同样重要。让客户看到你真实存在，看到你在认真地做产品，他们才会信任你。所以线下沙龙的重要性可想而知。

如何直击客户内心，把人吸引过来？

在线下沙龙邀约中，针对不同人群，有不同的开场话术。

与人交流时，一般都有一段开场白，以下是开场白的基本内容：

（1）自我介绍和适当寒暄，这是礼貌开场，必不可少。

（2）表达感谢或赞美，引起对方对你的好感。

（3）告知对方本次谈话的目的，传达“这是一个好消息”的信息。

（4）强调机会难得，可用稀缺性和时间紧迫性刺激客户。

（5）确定客户的时间是否方便参加沙龙。

（6）询问客户是否有需求，确认是否参加沙龙。

针对不同人群，线下沙龙有以下七大邀约话术。

一、针对普通人群

“你好！我是×××品牌公司的××，你最近生活和工作都好吗？你在我眼中一直是个很能干、很有思想且要求上进的人。”

对方一般会进行礼貌的回复，紧接着你可以说：“告诉你一个好消息，××时间，我们公司将在××地点举行××主题线下沙龙，会教大家实用的营销技巧，同时你还能认识许多来自各行各业的优秀人士。我想和一群优秀的人士交流对你以后的工作会有很大的帮助。”

客户可能会回答：“我暂时没兴趣，我先考虑一下吧。”

听到这个回答，你不要轻易放弃，而是应该紧接着说明机会难得：“我们一年只举办两次线下沙龙，错过了就要等下半年！来吧，我给你留下前面的位子。你还没了解我们公司的运营机制，等你真正了解后，我相信你会很喜欢，如果你身边有像你一样渴望学习成长的朋友，你也可以邀请他们参加沙龙，正好帮你当参谋，他们也可以学到东西。你是提前到还是准时到？”

二、针对白领群体

“××你好！最近工作还顺利吗？像你这样努力上进的人，工作肯定得到很多人的认可吧？”

等待对方回复后，你接着说明本次聊天的目的：“不知道这样朝九晚五的工作你还满意吗？要不我们尝试一下新的工作乐趣，刚好我们公司有一场事业分享沙龙，邀请了行业大咖×××作为主讲人，你不仅能与不同行业的精英领袖自由交谈，还能找到更多的事业方向，只要你想，你也会成功，你看××时间你方便吗？”

对方可能回答：“我要上班，没有时间。”这是上班族典型的拒绝理由。

你可以回复：“我觉得你是一个很有才华的人，但是在单位里的竞争太激烈了，与其花时间和这么多人竞争一个职位，还不如尝试一下做别的事情，换个方向或许能发展得更好，抽两个小时我陪你去×××（告诉她，×××是一家外贸公司，其他情况到了公司了解），看看是否适合你。去一趟你什么也不损失，说不定还有意外收获！下周二晚上我刚好有时间，我们一起去！”

三、针对大学生群体

“××你好！最近学习、生活还顺利吗？真羡慕你的大学时光，自由自在，可以选择自己喜欢的事情去做，如果让我再读一次大学，我会好好珍惜。”

等待对方回复后，你接着说：“你看大学生活这么自由，有没有想过利用课余时间做一些有意义的事情，既能赚取生活费减轻父母的负担，又能迅速让自己经济独立。最近我们公司有一场事业分享沙龙，邀请了行业大咖××当主讲人，如果你没有接触过这个行业，对于你来说这就是一次很好的社会实践机会，还能找到未来的就业方向，你看××时间你方便吗?”

对方可能会问：“你这个会议是讲什么的?对我有什么好处?我为什么要参加?”

你可以说：“我明白你心里的疑惑，这些问题都会在这次会议中一一得到解答。你是一个努力向上的年轻人，相信你也不甘心平庸地度过你的大学时光。如果你身边的同学也有这样的想法，你们可以一起来。我是你朋友，我不愿意你与这么好的机会擦肩而过，你看××时间有空赴约吗?”

四、针对“宝妈”群体

“××你好!最近过得好吗?看到你的朋友圈，你的孩子真可爱。有这样的孩子你真是个幸福的妈妈。”

从孩子的角度切入聊天，能拉近与客户间的距离，让对方觉得你在关注她的生活。

等待对方回复后，说明自己的来意：“你看孩子慢慢长大，家庭的负担也越来越重，作为一个妈妈，这方面我也深有体会，所以我选择了一份可以兼顾家庭和事业的工作，我很享受现在的生活。当然，作为朋友，我希望将这份幸福与你分享，我们公司最近有一场事业分享沙龙，很多像你一样的妈妈都来参加这次会议，你可以在会议上和她们交流学习，说不准还能找到新的生活方向。你看看××时间方便参加吗?”

客户可能会回答：“孩子太小，不放心。”或者这样说：“我得带孩子，没有机会去。”

这时你可以接着问："孩子几岁了？你带着他一起来。其他行业的工作不一定能让你带着孩子来，但我们可以，现场有很多妈妈都是带孩子一起来的，每个人都爱孩子，但是你现在每个晚上和他们守在一起并不能保障他的未来生活。当你成功后，你不但可以为孩子提供良好的教育、生活条件，还能有更多的时间和他在一起。你的成长可以给孩子树立榜样，影响孩子的一生。你看××时间你方便来参加我们的会议吗？"

五、针对能力比你强的人

你可以邀请客户来公司给你当参谋。

"××你好！看你的朋友圈，感觉你最近状态不错，可以麻烦你一件事吗？我们公司举办线下沙龙，介绍事业发展状况。你最有主见了，我想请你参加，为我做参谋。沙龙时间是××，地点在××。"

六、针对能力比你弱的人

你可以委婉地告诉她，这里有一个好机会："××你好！我最近有一件有意思的事情和你分享，我们公司将要举办一场线下沙龙会议，有许多优秀的行业领袖会分享他们成功的经验。我知道你是一个上进的人，希望提升自己的能力，这样的机会不可错过。我在××时间××地点等你好吗？"

七、针对和你能力相当的人

如果客户与你能力相当，你可以说："因为是好朋友，所以一定要将机会与你分享。"

"××你好！你知道我在×××品牌公司工作非常开心的原因吗？有些东西要亲自感受才有收获。我邀请你参加我们公司的线下沙龙，我会介绍你认识我们的业务顾问（要介绍头衔）。她是一位非常优秀的女性。这样的机会非常难得，我只能邀请一个人。你是我最好的朋友，机会当然留给你。我在××时间××地点等你好吗？”

第二节　如何说服线下沙龙邀约中的反对意见

一位65岁的美国老人发现自己有一份无形资产——炸鸡秘方，于是他开始四处兜售秘方，但他一次次被拒绝，然而老人没有沮丧，也没有止步，经过1009次被拒绝之后，在第1010次，终于有人购买了炸鸡秘方，从而有了如今遍布世界各地的快餐——肯德基。

1009次拒绝，你能承受吗？实际上，业绩优秀的销售员无一不是善于从被拒绝中学习从而成为推销的高手。

微商团队长被客户拒绝，不要抱怨，不要灰心丧气，而是要总结经验。被客户拒绝，说明销售方式不对，没有找到客户的需求点，但这些客户为我们提供了积累经验的渠道。

一些消费者对微商存在误解，致使微商在销售产品时遭到拒绝，但我们要记住：成功的销售都是从被拒绝开始的。我们应当如何同说“不”的人沟通，提高预约和面谈的成功率？

线下沙龙邀约客户拒绝应对话术有以下几种：

一、遇到回答“我很忙，没时间”，该怎么办

有两种情况。有的客户的确忙于上班。这时，你千万不要流露出着急、失望的神色，应当真诚地对客户说：“没错，在这个优胜劣汰的时代，每一个不甘平庸的人都很努力，都很辛苦，都很忙。但是，由于机会不同，施展才能的舞台不同，大家忙碌的结果千差万别。我想您和我同样都希望付出一样的努力，得到更好的结果，因为没有人会拒绝提升生活品质。”

一般而言，绝大多数人会被你的话打动，然后可以用适合当时所处环境的语气、语速和肢体语言，把以下观点有针对性地讲给不同的人听。

“时间对每个人都很公平，不公平的是每个人对时间的分配。”

“忙不重要，重要的是忙出了什么结果，更重要的是什么时候开始不忙。”

“我们就是要寻找忙碌的人来合作和分享，因为像您这样忙碌的人，通常也是想积极改善生活的人，而我们的沙龙正是给不愿永远忙碌的人一个最好的改变机会。”

二、遇到回答“我不太喜欢出现在这样的场合”，该怎么办

在线下沙龙邀约中，有的客户会说：“我不太喜欢出现在这样的场合。”问题的关键在于这种人缺乏交友信心，缺乏主动性。你可以站在他的角度说：“刚开始我也不太喜欢这样的场合，不喜欢和陌生人相处，但是，后来事业发展给我带来财富，使我成长，我觉得，每个人都需要突破自我，不要还没尝试就轻言放弃。你来参加我们的沙龙，会看到很多不同年龄、不同阶层、不同生活观念的人聚集在一起分享他们的价值。”

“不要觉得在陌生的环境里会不适应，放下顾虑，给自己一次学习的机会。假如退缩就少一点财富，勇敢向前就多一点财富，您会选择什么？”

三、遇到回答“来听这种会议太麻烦了”，该怎么办

嫌麻烦的人是注重效率的人，这种类型的人心直口快，直截了当，一旦感觉值得做某事，他会全力以赴。你可以这样启发他：“天天上班是不是很麻烦？为了赚取生活费，你天天重复枯燥的工作。结婚也很麻烦，要准备那么多东西，可是你却乐意做，因为你知道为了什么而做。”“如果你只想每个月赚两三千元，可以不必经常培训，也不麻

烦，但是如果你想每月赚上万元或更多的钱，就不应该怕麻烦。”

四、遇到回答“我很累，不想去参加这些会议”，该怎么办

对感觉累的人你可以这样说：“请问你为什么会觉得累？是工作压力太大、工作时间太长，还是工作内容太枯燥？是不喜欢这份工作，还是付出与回报相差太大，看不到发展潜力？假如有机会换一个工作，改变工作环境和待遇，而新工作让你感兴趣，有发展潜力，使你对未来充满信心，你还会觉得累吗？”

五、遇到回答“我很满意现在的工作，不想要更多的钱”，该怎么办

你可以说：“你对现状还有什么不满意的地方吗？因为人追求的终极价值不是金钱、房子、车子，而是拥有这些东西背后的特质，即想要成为一个成功的人。只有真正明白这一点并实现理想的人才会快乐和满足。这也是你来参加我们线下沙龙最大的价值，真正明白自己到底想要成为一个什么样的人。我相信你能在这场会议中有新的收获。”

当然，以上这些话术不是固定的，我们要根据实际情况进行调整，多站在客户的角度思考问题，用真诚打动客户。

第三节　线下沙龙必须解决的 7 个问题

微商团队长如何高效地组织一场线下沙龙？本节将线下沙龙必须解决

的问题归为七类，分别是线下沙龙的主题与内容、举办时间、举办地点、角色分工、参会对象、促销策略，以及预算。

一、线下沙龙的主题与内容

线下沙龙的主题一定是利他的。在卖货之前，我们应该确定目标人群，如果你卖面膜，想吸引“宝妈”人群，那我们就要定向做“宝妈”的生意。“宝妈”关心什么？孩子就是一大要素。

针对“宝妈”的特性，可以把线下沙龙的主题定为：如何在 3 分钟之内做好一道孩子喜欢吃的辅食。

主题一定不要做得太大，否则会变得空泛，客户不知道你要讲什么，你也不清楚自己要讲什么。这时，工作便会很难开展。所以，大主题是不可行的，我们应该把主题进行聚焦。

二、举办时间

什么时候举办线下沙龙？设定多长时间？

建议线下沙龙的举办时间放在周末，因为周末大家相对有空。不过也要考虑实际情况，每个群体的空闲时间不同，要根据客户的特点来确定举办线下沙龙的时间。

线下沙龙的持续时间不要超过 3 个小时。如果时间太长，内容准备要求会很高；时间也不能太短，否则内容会讲不透。

沙龙的时间需要固定，固定有两方面的意义：

（1）对内而言，组织活动的伙伴需要提前邀约。

（2）对外而言，如果客户知道我们的沙龙有一些价值，他就能够提前安排事情，以便带朋友参加下一次的培训。

三、举办地点

如果参加沙龙的人少，可以在自家客厅举办；如果参加沙龙的人多，就在商场某个安静的地方举办。举办沙龙的地点要避开开阔的公共场所，因为场地太开阔，声音传达会被外界干扰，客户就接收不到你的信息。

注意找一个交通方便，同时靠近地标性建筑的地点，这样大家能够第一时间记住，也能够第一时间到达。

四、角色分工

由谁来组织，由谁来策划，由谁来准备物料，由谁来演讲，由谁来做分享？

沙龙里面有几个角色，一个角色是主持人，主持人需要在现场进行开场互动，把现场气氛调动起来，让大家互相认识。

主持人讲完之后，需要有演讲嘉宾，邀请的演讲嘉宾应该能够讲解一些干货。

在讲干货之余，还要导入项目知识，所以我们要邀请第三方，比如客户、代理商、生活中的伙伴，他们能够从第三方的角度讲解我们的产品和售后服务。这个角色我们称为见证者，解决我们“王婆卖瓜，自卖自夸”的问题。

除了见证者之外，我们还要在里面安排几个自己人，让自己人按照客户的思维逻辑提出一些他们可能不明白，但是没有问出来的问题，由工作人员和老师现场解答，帮助我们做现场成交。

举办沙龙有物料，有需要执行的任务，所有的工作要落实到人，团队成员要互相配合，做好统一管理。

五、参会对象

参会对象并不是越多越好，线下沙龙邀约的对象一定是精准意向客户。前期可以举办 5 个人、10 个人或者 15 个人的小型沙龙，不要追求大规模，大规模沙龙对主办方的要求很高。我们需要通过实战磨炼专业技能，增长经验，提高意向客户现场成交率。

六、促销策略

线下沙龙现场需要一些促销策略，比如原来卖 398 元的东西现在只需 298 元，还赠送价值 100 元的一份礼品。

除了价格减免这个简单的方式，我们还可以做些创新的促销，促进现场成交。

七、预算

我们在举办线下沙龙前要确定预算，精确地计算出现场物料需要多少钱，成交多少个客户，有多少利润等，方便我们控制成本，提高成交率。

以上就是举办线下沙龙需要注意的问题，微商团队长要学以致用，做好细节，方能拓展更多的意向客户，使团队产生裂变。

第九章 

微商团队长如何做好销售

第一节　12 种常见销售客户性格类型分析

众所周知，有经验的销售人员会针对客户的性格类型进行销售。销售人员可以运用不同的方法消除客户顾虑，还能在交流过程中分析客户信息，及时调整销售策略。

只有清晰把握客户的各种性格类型，微商团队长才能在销售时胸有成竹，运筹帷幄。

下面就是 12 种常见的客户性格类型及应对策略。

一、犹豫不定型客户

客户特点：没有主见，思维混乱，做事总是犹豫不定。

微商团队长怎么应对？

只需以下两招：

（1）保持清晰的逻辑，细列产品优势。

（2）进行心理暗示，主导谈话节奏。比如，着重描述客户买不到产品的情境："再过一个多月就要过年了，过年的时候相亲、走亲戚、同学及朋友聚会躲都躲不过，所以还不如漂漂亮亮地出现，您现在开始用我们这款减肥产品，一个多月之后肌肤会比现在紧致，身材更好，跟朋友合照也会更漂亮。您犹豫不定，时间就这么过去，过几天您再想买，效果没那么快显现出来。"

二、脾气暴躁型客户

客户特点：耐性差，喜欢主导一切，脾气暴躁。

应对策略：

（1）保持心态平和，积极沟通。

（2）沟通速度不徐不疾，态度不卑不亢。

（3）有耐心，做好长时间沟通的准备。

对待这类客户不能“穷追猛打”，我们只需要在一开始的沟通过程中把产品价值简明扼要地表达清楚就可以了。第一次沟通不成交，也不要急于进行第二次沟通，至少间隔2～3天再去询问客户考虑的结果，否则容易引起这类客户的反感，导致成交失败。

三、自命清高型客户

客户特点：极端的个人主义，清高，拒绝意见和批评。

应对策略：

（1）根据这类客户的喜好，适度恭维赞美，肯定她的意见，减少不必要的争论。

（2）阐述产品优势，展现品牌价值。

假如我们是卖护肤品的，在面对自命清高型客户的时候，可以通过适度地赞美来展开对话。我们可以从她朋友圈的自拍照入手，比如夸她最近新买的衣服很好看，口红颜色很衬她的气质，皮肤很白，让人羡慕，等等。在沟通过程中重点要偏向“锦上添花”而不是“雪中送炭”，也就是说，我们要告诉客户，她的各方面条件都不错，但是用了我们的产品后她会变得更完美，气质更好，而不是告诉客户她哪些方面不好，必须用我们的产品才能解决问题。

四、世故老练型客户

客户特点：目标明确，为人世故，定力强，不会被别人的意见轻易影响。

应对策略：

（1）话不在多而在于精，简明扼要地介绍项目，从客户的话语中找到切入点。

（2）注意细节，细心观察客户反应，及时调整话术。

（3）着重介绍利益点、行业趋势和产品功能。

世故老练型客户一般来说有着丰富的购买和投资经验，他清楚自己要买什么产品，有时对产品和行业的了解并不比你少，所以我们建议面对这类客户的时候，减少平时用的那些套路，直接把利益点抛出来即可。

五、小心翼翼型客户

客户特点：为人谨慎，疑心重，对待事物喜欢追根究底，研究清楚。

应对策略：

（1）前期准备充足，沟通中做到措辞严谨。

（2）善于借助辅助工具，用图表数据来说话。

（3）讲解清晰，站在客户角度考虑问题，维护客户利益。

这类客户其实更容易成交，微商团队长在交流的过程中可以跟着他的节奏走，使用分析性话语将项目介绍清楚。在讲解产品时要多借助图表数据等辅助工具，列举产品使用案例来增强客户信心，在谈话中多强调产品的附加值及可靠性，后期及时跟进，促成客户成交。

六、节约俭朴型客户

客户特点：节约，追求经济实惠。

应对策略：

（1）强调性价比。突出产品高价值、低价格，让这类客户感觉物有所值。

（2）强调产品的附加值或投资回报率，以价差来衡量我们与其他商家在产品与服务上的差异。比如，可以分几次推销，把一年划分成季度或月度交易，以减少客户经济压力。

很多微商团队长会认为这类客户小气，我们说了半天他还是不买，浪费时间和精力。其实，只要我们掌握了这类客户的心理，还是有可能让他们主动掏腰包的。成交这类客户的秘诀是：不要给他介绍产品有多好，要说性价比有多高。你可以这样说："其他商家的产品比我们便宜，可是质量没我们的好呀！""你是愿意十元钱买回去用三个月，还是一百元钱买回去用三年？"

七、理智好辩型客户

客户特点：好胜心强，主观性较强，逻辑清晰，理智，喜欢辩论。

应对策略：

（1）态度诚恳，善于倾听。切忌与客户争辩，不要试图引导他跟着你的谈话节奏走。

（2）避免使用情感推销。

（3）不要试图说服客户，要让客户展现自己的优越感。

遇到这类客户侃侃而谈的时候，我们不要急于说话，要让他有优越感。等他说完，先对他说的话给予肯定，再表达我们的看法。

八、虚荣心强型客户

客户特点：虚荣心强，自负，爱吹牛。

应对策略：

（1）肯定产品使用者的层次和地位，对他给予肯定，使其有成就感。

（2）着重介绍使用产品带来的优越感，满足客户的虚荣心。

这类客户买东西的时候往往不太关注价格，更在意你的东西能不能让他有面子。所以，遇到这类客户，我们的建议是顺从他的心意，对他说的话多给予肯定，满足其成就感。你可以告诉他，最近就有几个跟他同样身份的人买过你的产品，满足其虚荣心，他就会愿意继续跟你聊下去。

九、贪小便宜型客户

客户特点：爱贪小便宜，对价格十分敏感，不在乎产品品质。

应对策略：

（1）遵守规则，让客户知道公司有规定，不能随意降价。

（2）以适当优惠的方式让客户觉得有便宜可占。

（3）活动期间的降价和送礼要第一时间和这类客户进行沟通。

我们可以告诉客户，因为公司规定我们不能随意降价，所以没办法低价卖给他产品。但交流了这么长时间，跟他很聊得来，我们愿意自掏腰包多送一些产品小样给他试用。只要让这类客户感觉可以占到便宜，成交就不是难事。

十、朋友链带型客户

客户特点：联系紧密，关系控制力度不易掌握。

应对策略：

（1）遵守规章制度，给客户把情况介绍清楚。

（2）工作和关系一定要分开处理。例如，小单子我们可以帮忙做，对于需要花费一定成本的大单子，要么婉拒，要么一切谈好后，按正规方式操作。

十一、滔滔不绝型客户

客户特点：喜欢长篇大论，交流欲望强烈。

应对策略：

（1）注意倾听，适时迎合，保持耐心。

（2）把握时机，在合适的沟通点插入产品介绍。

（3）学会顺从和迁就，切忌抢走话题。

十二、沉默羞羊型客户

客户特点：沉默寡言，不善于沟通，不表明自己的需求。

应对策略：

（1）简明扼要地介绍产品优势及售后附加服务，激发客户购买欲望。

（2）对客户多提问，将客户带入自己的销售氛围，引导客户需求。

（3）解决客户的后顾之忧，跟进力度要适当，不要引起客户反感。

一个不懂客户心理的微商不是好销售人员，大家不要一味要求客户成交，这样只会引起客户反感。只有了解客户类型，掌握与各种类型客户的沟通方式，签单成功的可能性才会更大，客户转化率和复购率也会更高。

第二节　5个问题摸清客户的真实需求

微商即销售员，销售即说服，微商销售就是一个说服人的过程。

那么，微商团队长如何说服客户？

关键在于挖掘客户需求，而挖掘客户需求的秘诀就是“发问”，即“多听少说，积极发问”，在发问中最大程度地获取客户信息。

一、发问的重要性

微商精英都知道，“发问”在销售过程中极其重要。只有问得多，客户才会说得多；让客户说得越多，我们了解客户真实意图的机会就越多，我们获得的客户信息才会多；谁掌握的客户信息越多，谁就拥有了主动权。微商团队长要学会获取客户信息，准确挖掘客户需求，才能成功销售。

通过下面5个问题，微商团队长就能清楚客户的需求。

问题一："您好，您一般会如何选择××产品（化妆品、保健品、内衣）?"（根据微商团队长的产品类型替换）

顾客说："我一般会从质量、价格和功效，以及品牌考虑。"

这时，微商团队长要根据客户重视程度，把客户引导到你的产品最具优势的因素上，让客户与产品产生交叠，才能将客户带入你的销售氛围。

问题二："您是如何定义质量的?"（备用问题："您所说的质量指的是什么?""您认为合适的价格应该在什么范围内?""您觉得什么样的功效令您最满意?"）

对于你提出的问题，客户通常会仔细考虑。

如果客户这样回答："我认为质量好就是纯天然，无副作用，用过产品皮肤不会过敏。"

这时你就可以接着问："您是否认为使用纯天然的护肤品会给您的皮肤带来很大好处?"

对于这样的问题，客户几乎不会说"不"。

问题三："您为什么重视这一点?"（备用问题："这对您来说是最重要的吗?""这一点为什么对您这么重要?"）

通过若干个附加或跟进的问题，微商团队长就能进一步了解客户信息，引导出客户的真实需求，而满足客户需求正是生意成交的关键。

问题四："如果我们的产品质量好，无副作用，皮肤不会过敏而且功效好，能够满足您的要求，价格又合理，您会购买我们的产品吗?"（根据微商团队长的产品类型替换）

这是一种典型的"如果我们如何，您能怎样吗"式的问题。这种问题能够引导客户做出一个承诺，他回答"可以"，已经证明他在向你承诺会购买，为最终的成交奠定了基础。如果对方的本意是拒绝你，他一定会在你提出问题三时透露自己的真实意图，你是可以察觉到的。

问题五："太好了，我们的产品能够完全满足您的需求！请问您是想买套装还是先买一款单品体验?"（备用问题："太好了！您想买哪一款产品体验?"）

提出本问题的目的在于促进客户下决心购买产品，或者引导客户考虑购买。在客户犹豫不定时，你可以采用试用策略帮助成交。

如何灵活地采用试用策略？

你可以尝试以下两种方法。

（1）可以让客户支付比较小的金额，比如9.9元，我们就包邮，寄一些产品试用装给她试用一下。

（2）给客户发送其他客户反馈的情况，比如聊天截图、朋友圈截图等，增强客户对产品的信任。

总之，设计简单的5个问题，目的就是让客户自己说出对于产品的需求，即导出客户最根本的需求，从而引导客户购买产品。

二、提出5个问题后，客户仍没有购买产品，怎么办

如果你提出上述5个问题，客户仍然没有购买产品，这时，不要轻易放弃，要进一步沟通，消除客户的顾虑，促成交易。

假如有人问："有个意向客户跟我聊得挺好，本来打算购买我的产品，但最后还是决定再考虑一下，怎么办？"

微商团队长接下来应该怎么做？

理清三点思路。

1. 换位思考

目前情况下，我们与客户形成了基本信任，只剩下风险问题，风险问题指的是客户的心理风险。当客户准备购买产品的时候，他们会考虑产品可能带来的风险。客户通常面临以下三种风险。

（1）产品功效不好。

有客户会说："你说这个产品效果不错，但我还是有点担心购买的产品不好用，或者说产品的功效不像你说的那么好。"

解决方案：你可以这样回答客户："您的担心我能理解，很多客户在购买我们的产品之前都跟您一样有顾虑，但购买我们这个产品后不满意是包退换的，所以您不用担心会带来损失。"

（2）产品有质量问题。

如果有客户问："万一质量有问题怎么办？"

解决方案：你可以这样回答客户：“亲，您之前是不是买到过假货？但这次请您放心。这款产品我自己也在用，效果很好，因为是正品，所以我才敢拿出来卖。”

（3）产品价格高。

如果有客户嫌产品价格高，怎么办？

解决方案：你可以这样回答客户：“我理解您，很多人刚开始都跟您一样有顾虑，但他们使用过后都觉得物有所值。我要跟您说明的是，我们的产品价格之所以比较高，是因为产品的质量有保障，售后服务也做得好……”

换位思考有助于我们理解客户担心的潜在风险，当我们拿出相应的对策消除客户的后顾之忧，就可以顺利成交。

2. 主动要求成交

微商团队长要主动跟进客户。因为我们处于买方市场，客户随时可能抛弃你选择其他商家的产品，所以，要跟进客户，弄清楚不能与客户成交的原因。

当客户说过两天来购买产品的时候，你要主动询问原因。如果是我们这方面的问题，就要赶紧解决，让客户找不到延迟购买的理由，从而顺利成交。

一定要记住，当客户说延迟购买的时候，说明他们已经具备购买条件，如果你不能及时跟进，找不到客户延迟购买的原因，他可能就去找别人购买。

3. 拒绝重复询问

不要重复询问客户为什么不成交，重复询问会导致客户产生戒备心理，对你心生厌恶。

但是，我们可以选择其他令客户感觉舒服的询问方法。

（1）您好，您考虑得怎么样了？

（2）您最近怎么样，方便购买吗？

（3）很久没有看到您了，可以聊一聊吗？

（4）有时间吗？我们一起吃个饭吧。

（5）我们最近搞活动，现在购买有优惠！

（6）我的货不多了，不过给你留着，你现在购买吗？

（7）你最近是不是碰到什么困难了？

微商团队长要学会触类旁通，针对自己的产品设计更多具有针对性的话术。做销售就是一个说服人的过程。通过沟通来导出用户需求，通过提问来引导用户购买，是每一个微商人必备的能力。

第三节　6种技法让陌生客户与你交心

在销售过程中，微商团队长会接触到各种渠道的客户，不仅在线上，还有线下，比如开发线下实体店、线下招商会、线下的地推或者沙龙等。在线下推销不可避免地会接触到大量陌生客户，如何在最短时间内获得客户信任，使客户愿意了解产品？

交流沟通需要技巧，良好的沟通是成功的基石。接下来，我们来看看这六种技巧。

一、两分钟电钻法

著名的推销员汤姆与客户首次见面时，通常会做如下陈述：“您可能很想知道我是谁，为什么在这儿，为什么您会对这次面谈很感兴趣，难道说不是吗？”在多年做业务的生涯中，汤姆一直在观察当他做以上陈述时客户的反应，他们通常会点头同意他的看法，即使客户不给出点头这一肢体语言，他们也同意他的看法，因为那正是他们所想的，他们想知道你究竟是谁，为什么在那儿，以及为什么他们应该很重视这次业务合作。

初次见面，当微商团队长坐在客户面前的时候，客户都在问三个问题：你是谁？为什么在这儿？你能为我做什么？而客户最期待的是能够明确回答这三个问题的销售人员。

就运用“两分钟电钻法”举个例子。

微商团队长与客户初次见面，当微商团队长说出“你很可能想知道”这段开场白的时候，可以继续说下去：“耽误您几分钟时间，我想介绍一下我们公司的经营范围、我的职务，以及我们能为你们公司做什么。”

如果微商团队长在寻找目标客户的过程中，对要拜访的客户及其公司有所了解，还可以继续和客户交流：“然后我再和您聊你们公司目前所处的形势，你们公司的需求，以及你们所关心的其他问题。如果您认为对你们公司有帮助，我们可以继续会谈。您看怎么样?”

通常情况下，微商团队长使用上述话术接触新客户，效果会很好。

二、志趣相投法

志趣相投法，即迅速找到你与客户之间的共同点，建立起初步信任。

案例一：

如今，手机是每个人的生活必需品，很多人都是“机”不离手。当看到客户正在摆弄苹果手机时，你可以这样说：“您的手机真漂亮，是苹果X吗？我一直想买一部苹果手机，不过还没攒够钱，现在用的是××牌子的手机。”

这句话既突出了你与客户之间的共同爱好——苹果手机，又凸显了客户的优越之处——他比你有钱，可谓一举两得，让客户心里感到愉悦。接下来，客户说不定会跟你聊苹果手机的使用心得。

如果客户在摆弄其他牌子的手机，你可以这么说：“您的手机也是××牌子？太巧了，我的手机也是这个牌子。这个牌子的手机哪儿都好，就是不经摔，摔一下就出问题。”如果客户的反应和你一样，那么，“同病相怜”的感觉会迅速拉近你们之间的距离。

这样的对话机会有很多，你们的衣服牌子相同，都喜欢看球或者是看电影，都去过哪个国家或地方旅游，都爱吃××零食或小吃，你们都来自同一个地方，你们的孩子在同一所学校上学，等等。一个很小的共同点可能激发你与客户的共鸣，瞬间拉近彼此的距离。

特别需要强调的是，微商中有很多女性，如果微商团队长是个已经做了母亲的人，那么面对女性客户，你将拥有一个天然的优势——母亲的身份。你们的身份将从销售员与顾客变成两个“宝妈”。你说，这两种身份，哪种更容易让人产生认同感？

三、制造共鸣空间的“顺行技法”

如果微商团队长不擅长寻找与客户之间的共同点，应该怎么办？这时可以尝试第三个技法：顺行技法。

举一个例子：

你正在与客户边走边聊，那么以下哪种情况会聊得更舒服、更开心？第一种情况是他的速度比你快；第二种情况是他的速度和你一样；第三种情况是他的速度比你慢。

很显然，第二种情况会聊得更舒服、更开心。因为对方的速度也就是步调和你一致。

在和新客户或陌生顾客聊天时，你也要注意保持步调一致。这是一种让双方心情愉悦、感觉放松，而且更容易产生强烈共鸣的重要方式。

再举一个例子：

你和客户沟通的时候，客户说：“这两年也不知怎么了，北方的天气比南方都热，真让人受不了。”如果你掌握了“顺行技法”，你就可以这样说：“可不是，石家庄的气温都赶上武汉了，我有个同学，刚开始在武汉工作，因为怕热去年辞职回石家庄，可前两天我们在微信上聊天，他说现在自己在唐山，搞得像候鸟迁徙。”

你们的步调完全一致，他说了一个观点，你举出一个例子印证了他的观点。这样的回应会获得客户很大程度的好感。

反过来说，如果你不与客户步调一致，会有什么后果？

以前面你和客户讨论天气为例。

在客户说完那句话后，你回答他：“那可不一定，南方还是比北方热。您这么说肯定是因为没有在南方住过，我去年出差去武汉，在那儿待了半个月，天天就跟住在蒸笼里似的，差点把我蒸熟。”

你的回答与客户的论调完全相反，想给客户带来好感肯定是没戏了，你们还能不能往下聊都很难说。这样的回答对建立你与客户之间的信任没有任何好处。

在微商谈单中如何具体运用“顺行技法”？

一位微商团队长销售一款进口化妆品，当给顾客报价时，顾客说：“什么？这瓶100毫升的化妆水要498元，这也太贵了吧？”你可以这样说：“是稍微贵了一点，毕竟这款化妆水是法国进口的，用的都是食品级的天然原料，无副作用，特别安全，包装盒上写着孕妇放心使用，肯定要贵一些。”

总之，不论是客户说产品之外的话题，还是质疑你的产品价格甚至提出更尖锐的问题，你都不能与客户硬碰硬，必须顺势而为，使用“顺行技法”找寻机会变被动为主动。

四、镜像法

镜像法也叫影子法，是从迎合客户的肢体语言做起，学着做客户的影子，也就是通过肢体语言向客户传递一个信息——我们是一类人，以此与客户拉近距离。

那么，微商团队长在与客户的实际交往中应该如何操作？

微商人更多的是通过微信或者电话与客户沟通，见面的机会很少，所以，我们只能通过客户的声音和语气去判断他的性格和当时的情绪。如果微商团队长面对的客户是一个性格外向的人，他和你交流时语速很快，情绪高昂，提问也很主动，那么你最好不要慢条斯理地说话，要让自己情绪饱满，这样才能和客户更好地交流。相反，当你遇到一个特别稳重的客户，他慢条斯理地同你交谈，你就要收敛一些，说话要注意分寸，表达对他的尊重。你可以简明扼要地介绍产品情况，多向客户提问，引导客户说出自己的需求，并满足客户需求，进而成交。

迎合客户的情绪不是一件简单的事情，需要掌握要领：注意观察，判断客户属于哪种性格类型。

如果是通过电话或者微信发语音沟通，就可以直接听出客户的情绪。但如果是发微信文字信息，我们就要注意观察客户的表达习惯。有些人在发微信文字信息时会礼貌性地带上一些小表情，有些人喜欢发搞笑或者可爱的表情包，有些人则习惯只发文字。我们要尽量迎合客户的表达习惯，既不会让他们感觉被冒犯，也不会让他们觉得我们过分热情。

五、异口同声法

异口同声法包括外语、方言、语速、语气、说话声音大小，以及音调高低、说话节奏等方面。选择其中一种或两种使用，如果运用恰当，短时间内就能赢得客户的好感，取得客户信任，为你做成生意打下坚实的基础。

做微商就有出国或者国内旅游的机会，微商团队长到了国外，与某个国家的人打招呼的时候，如果你能够说上一两句他们国家的语言，一定会换来一个灿烂的笑容或是欣喜的眼神，甚至是高高竖起的大拇指。在微商营销过程中，微商团队长如果能够用客户的方言与其对话，会给客户带来亲切感。

除了方言之外，语速、语气、说话声音大小，以及音调高低、说话节奏等方面也很重要。

具体实践案例：

罗品牌还记得2018年接触过的一个客户，他性格外向，点子特别多，喜欢尝试新事物。当时他正在筹备新店开业促销活动。那天中午他喝了不少酒，然后午睡。罗品牌就在他的店里一边等他，一边和他的爱人聊天，了解他们的新店开业情况。两个多小时后，这个客户睡醒了，特别大声地跟罗品牌高谈阔论，但要罗品牌的产品降价销售，罗品牌当然不同意，就用同样高的声音反驳他，通过一个多小时的“较量”，罗品牌成功维护了市场价格。经过这次吵架似的交谈，他们成了关系很好的合作伙伴。

六、善解人意法

在销售过程中难免会遇到客户因各种原因中断沟通的情况，此时，最明智的选择就是理解并迎合客户的心情。

迎合客户的心情体现在微商销售工作的方方面面。

大家都知道，对于微商销售而言，说服很重要，但是说服绝对不是强制，说服更多是通过“疏通”的手段达成，而强制则是一种不折不扣的“硬堵”。很明显，通过强制的手段绝对不可能达到说服的目的。而对顾客的心情迎合与否，也会在结果上体现出巨大的差别。

案例一：

一个微商团队长正在和客户谈生意，刚聊到一半，客户说：“不好意思，我家里有点急事，需要离开。下回有机会再聊。”

这个时候，微商团队长绝对不能说这几句话：“您着什么急！不差这点时间。”“咱们再聊十分钟，十分钟就行。”“您稍等，我马上就说完了！”

你想过没有，当你像上面那样回答的时候，家里有急事的客户心里会怎么想？他肯定会想：“是我有事，又不是你有事，你当然不急了！我凭什么还要继续听你说！”

案例二：

你和客户聊得还不错，但谈到签约成交的时候，客户却说："签约的事儿先不急，我还没做决定，你再让我想一想！"

眼看到手的生意谁也不想放弃，大多数时候你可能会说："甭想了。这两天我们搞团购才会给您这么多优惠，这要搁平时想都不敢想！这么好的机会您可千万不能错过。过了这村可就没这店了。"

这时你知道客户心里在想什么吗？他会想："这人是不是有毛病？是你买东西还是我买东西？"

如果你把该说的都已经说清楚了，客户仍旧说要考虑一下，那我们就不要再穷追不舍，也许客户还有其他想法，我们要给他一点时间做决定，让他感受到自己是被尊重的。

案例三：

很多微商人做销售都有一个通病，就是说的永远比客户问的多。客户问一个问题，我们恨不得一口气把产品的所有信息全部说给客户听，但这样做的结果是大多数时候只会引起客户的反感。

假如你是销售化妆品的，客户刚看了一眼包装说："嘿，这瓶化妆水包装不赖，看着挺高档的！"你一看客户有兴趣，就热情地跟客户说："是的，这个包装是××设计师设计的，颜色是××配色的，很有视觉冲击力。我们这个产品的效果也很好，不但能补水，还能美白淡斑，去痘印，修复激素脸。价格也不贵。三瓶一个疗程，您可以现在先拿一个疗程自己用，用好了可以直接做代理商。"

当你这样滔滔不绝地跟客户说了一通之后，相信好多客户心里会想："这个人的产品是不是卖不出去？啰啰唆唆说了这么多，我只不过是觉得瓶子还不错。"

上述几个案例都是典型的失败案例。在这几个案例中，销售人员都没有做到理解客户的想法，而是一厢情愿地将自己的思想强加给对方。在这样的情况下，根本就无法有效沟通，销售的目的自然无法达成。

那么，如何做才是真正的善解人意？我们还是用上面遇到的情况作为例子进行说明。

案例一：

我们正在和客户谈生意，刚聊到一半，客户说："不好意思，我家里有点急事，需要先离开。下回有机会再聊。"

善解人意的回答是这样的："是吗？那您赶紧去吧，千万别耽误了！您方便留下手机号码吗？回头有优惠活动我立马通知您，等您忙完我们再约吧！"

这样，客户认为你很懂事，善解人意，会很爽快地给你留下电话号码。

我们要注意一点，既然客户称家里有急事，那么不管是真有事还是借口，总之急于离开是客户明显的心理需求，在这种情况下强行挽留会起到反作用，只有让客户走才是真正的善解人意。但是，客户的联系方式一定要留下，这样才能确保沟通不至于"就此结束"。

案例二：

当你和客户聊得还不错，但谈到签约成交的时候，客户却说："签约的事先不急。我还没做决定，你再让我想一想！"

如果你的回答是这样的："您不用担心，这只是一份意向合约，即便您签了这份合约，也不代表一定要购买。您可以随时撤销这个合约。我们这样做完全是为了规范管理，以便更有效地为客户提供全面、系统、深入的服务。"

显然，当客户说"让我再想一想"的时候，他在担忧是否被"强制购买"，所以，只有向客户解释清楚，才能消除他的顾虑，取得他的信任。否则，不分青红皂白地"霸王硬上弓"，只会令客户更加警觉和反感。

案例三：

假如你是销售化妆品的，客户刚看了一眼包装说："嘿，这瓶化妆水包装不赖，看着挺高档的！”

如果你的回答是这样：“是的，从包装上说很有视觉冲击力，堪称完美！”那么，聊天就能进行下去。酒逢知己千杯少，话不投机半句多。没有人喜欢听自己不感兴趣的话题。

以上六种方法都能在实际销售中使你与客户拉近距离。通过这6种技巧可以轻松搭起与客户沟通的桥梁，赢得客户的信任，为做成生意奠定良好的基础。

第四节　100%提高成交率的五大销售秘诀

在销售中，你做的准备，说的话，都是为了成交，成交是最终目的。如果你做了所有的工作却没有成交，那就是徒劳无功。因此，在任何时候，微商团队长都要铭记，见任何客户，一定要成交。那么，有哪些成交策略可以提升销售业绩，让成交变得更加轻松简单？罗品牌给大家介绍5种非常实用的销售技巧。

一、假设成交法

很多销售高手都在用的且成功率很高的销售技巧是“假设成交法”。假设成交法本质上不是一种成交技巧，它是一种内在的信念，是销售人员坚信客户会购买你的产品的一种信念。

我们来看下面这个例子。

你随意走进一家商店，店员感觉你不是想买东西的人，对你爱搭不理。其实你本来准备买点东西，但看见店员冷冰冰的表情，就没了购物欲望，只是逛了一圈便两手空空地出来了。然后你走进另一家商店，店员微笑着热情地接待了你，给你介绍产品，演示产品功能，提供建议。就这样，你在这家店里认真地转了转，其实一开始你真的什么都不想买，但是你看到店员这么热情，你的心理也发生了变化，转到一半的时候就想："算了，买个东西回去吧。"最终，你在这家店里买了一款产品。

这就叫作人性法则中的期待法则，即期待顾客买或不买，你都是对的；相信顾客要或不要，你永远不会错。相信顾客不买，他就真的没买；相信顾客买，他就真的买了。所以在销售中，微商团队长一定要坚定信念，要假设一定可以与客户成交。

期待法则表明，人与人之间是可以相互影响的。所以，从现在开始，所有微商在销售时都应该树立一种信念，就是见到任何客户，都要相信他一定会跟你合作，购买你的产品。

二、直接要求法

乔·吉拉德，世界上最伟大的推销员，他卖汽车保持着 4 项吉尼斯世界纪录：平均每天卖得最多，每个月卖得最多，每年卖得最多，一辈子加起来卖的汽车最多。能卖出这么多汽车，他的成交秘诀是什么？乔·吉拉德说："秘诀就是要求，要求，再要求。"在跟客户谈生意时，他会先后 9 次要求客户成交，如果 9 次之后客户还是说"不"，他就有点相信客户真的不想要。但是他仍然不放弃，还会再要求一次，所以乔·吉拉德最少 10 次要求客户成交。

所以在销售中，你要大胆要求，要敢于要求，不断要求，持续要求。当你敢于这样做，当你愿意这样做的时候，你即将与客户成交。

还有这样一个故事：

19 世纪，成交了当时地球上最大的一笔保单，福特汽车创始人亨利·福特花费一百万美元投保。这条新闻刊登在报纸上，亨利·福特很快就接到一个电话，是他同学打来骂他的，因为这个人很有资格骂他。这个人跟进他三年，都没有成交。

电话一接通，他的同学就说："亨利，你这个家伙，你不够意思，你不是我同学。"亨利·福特感到莫名其妙，说："这是怎么了？"这个同学就说："我跟进你三年，要你买保险，可是你始终不跟我签单。"亨利·福特说了一句话，让这个同学领悟了什么是销售。亨利·福特说："这三年来，你从来不叫我签单，我怎么买单？"

亨利·福特的这个同学又打电话给那个卖出保单的业务代表，破口大骂："你怎么把我单子抢走了，你这个家伙。"业务代表说："你不要单子，我试一下都不可以吗？"

从这件事不难看出，销售成交就是这样，你不去成交，顾客就会与别人成交。但是，只要你要求顾客签单，永远只有两个答案，那就是签或者不签。

在这个世界上，50%以上的业绩都是来自销售员的直接要求。可是很多微商团队长在实际销售中不敢要求顾客立刻下单。罗品牌郑重提醒微商团队长，不要害怕向客户提出购买要求，因为只要你说出来，你就有50%成功的可能。

三、二择一成交法

二择一成交法，就是给客户两个选择，无论选择哪一个都能成交。这在生活中也有很多例子。比如，销售员问客户"请问您是现在要，还是立刻要？""请问您是要一个还是两个？""您是要一套还是两套？""请问您用支付宝支付还是微信支付？""请问您是要黑色的还是白色的？"无论客户选择哪一个，都能直接成交。

微商团队长在销售中应该形成一种习惯，那就是要把所有的成交选项全部变成二择一。

四、惜失成交法

我们经常会遇到这种情况：在商店里你看到一双自己非常喜欢的鞋，可是鞋子的价格却比你平时买的都贵。在你犹豫不定的时候，销售员说："这双鞋好像是为你设计的，你穿着非常合适，最重要的是真的很好看。正好你穿的码还有一双，我给你开单吧？"这句话中，哪个词会让你听到后产生购买欲望？是"好看""合适"，还是"一双"？没错，是"一双"，因为你现在不买，很有可能就买不到了。

微商团队长在朋友圈做活动的时候也可以采用这种方法。限时优惠，活动仅限三天，三天之后就享受不到这个优惠了。

这个方法利用的是"怕买不到"的心理。大多数人都有一种心理，就是越得不到的东西，就越想得到它。一旦客户意识到这种产品的稀缺性，他们就会立即采取行动。

简而言之，惜失成交法是抓住客户"得之以喜，失之以苦"的心理，通过给客户施加一定的压力来敦促对方及时做出购买决定。微商团队长一般可以从以下几个方面操作：

（1）限数量，类似于"购买数量有限，欲购从速"。

（2）限时间，在指定时间内享有优惠。

（3）限服务，在指定的数量内会享有更好的服务。

（4）限价格，主要是针对要涨价的商品。

但是，微商团队长要仔细考虑消费对象的消费心理，再去设置适当的惜失成交法。同时注意这种方法不能滥用，否则会失去客户。

五、价格分解法

如果顾客总是跟你说："你这个产品怎么要这么多钱？"这时，你需要做一件非常有效的事情——对价格进行分解。比如，一个产品的价格是2000元，有效期是两年。那你可以告诉她："我们的产品可以用两年，平均每年才1000元，一年有365天，1000除以365，平均每天还不到3元钱。”然后你可以说：“你愿意每天花3元钱，让你的皮肤保持水嫩吗？（让你的身体更健康吗？）”（根据产品类型来变化。）

通常这个时候顾客都是无法拒绝的，原因在于你把价格分解后，顾客每天需要付出的钱变得很少，但得到的价值却不变，这相当于放大了产品的价值。

因此，微商团队长在销售中要善于运用价格分解法，每一次要求客户成交之前，都要把大的金额变小，把小的金额再次分解，让客户感觉可以忽略不计，达成交易。这五大销售秘诀都是非常经典实用的销售方法。方法是技巧，方法是捷径，但使用方法的人必须做到熟能生巧。这就要求微商团队长在日常销售的过程中有意识地利用这些方法，直至达到“条件反射”的程度。

销售是一种以结果论英雄的游戏，结果就是成交，没有成交，再好的销售过程也失去了意义，再好的产品也是摆设。持续使用这些销售方法，你将会看到自己的销售业绩得到明显提升。

第五节　客户三步跟进法，让成交更有把握

微商团队长在营销过程中经常会面临这样的困境：客户明明说有意向，但自己不知道怎么跟进客户，如果强行推销，基本上这个客户就跑了。由于缺乏正确跟进客户的方法，所以流失了一大批准客户。正所谓“销售不跟踪，万事一场空”。

所以，跟进客户的方法非常重要。

销售界有个名词叫顾问式销售，是指我们不能单卖产品，还要卖产品的解决方案，也就是卖好处，卖结果。因为解决方案才是客户真正想要的，客户购买的不仅是产品，还有使用产品后的效果。

接下来，罗品牌跟大家分享一下顾问式销售三步跟进法。通过这个方法，你能让客户心甘情愿地为你做转介绍。

一、挖掘并满足客户需求

不少微商团队长都有这样的疑问：为什么自己的成交率一直提高不了？

原因在于微商团队长太过强势，一直是自己在说，忽略了客户的感受，没有了解到客户的真实需求。微商团队长要通过提问的方式引导客户说出自己的需求，解答他的疑问，消除他的顾虑，用合适的产品来满足客户需求，成交率自然就会提升。

二、用心评论客户的朋友圈，用心刷脸

微商团队长在准客户的朋友圈留言时如何评论才能引导客户互动？

关键在于进行提问式评论。

什么是提问式评论？

举个例子。

假如你在别人的朋友圈评论："你的口红是什么色号？真好看！"别人看到你以赞美的形式提问，一定会礼貌地答复你。

为什么是提问式评论？

原因很简单。如果你用一个陈述句评论，比如"你的口红真好看"，即使对方看了，知道你在赞美她，但她不一定会跟你互动，因为你的评论没有引导她去回答。

所以，微商团队长在准客户的朋友圈留言时，应该尽可能使用提问式评论，引导对方回答你的问题。一旦答复你，就会产生神奇的"互动效应"。你们之间的关系就发生了奇妙的变化，你不再是推销产品的业务员，而是能跟他互动的朋友。

其实你的评论对方一定会认真看，因为每个人都想知道别人对自己的

评价。每个人在内心都渴望三种东西：爱与被爱、认可与被认可、尊重与被尊重。

如果对方看到了你的评论，你不用说自己是做什么的，你的留言会刺激对方想起你是卖什么产品的。因为之前你们有过沟通，对方自然会想起来，所以，你每次评论对方朋友圈，都会让对方记住你的职业。刺激多了，自然热度就上来了，哪天客户刚好想买这个产品，就会找你购买。

只要你是用心评论，哪怕你没有提到你的产品，对方会自动想起你是卖什么产品的，这就是奇妙的地方。一旦对方回答你的问题，你就有机会继续互动，逐渐从朋友圈互动到单独聊天，就有机会引导客户成交！

三、客户回访，再次刷脸

在微商圈中，有一种现象叫"消费即代理"，意思是购买产品的消费者有很大可能会成为产品的代理商。事实上也是这样，很多代理商都是从顾客发展而来的。所以微商团队长应该注重售后服务，将我们的客户转化为代理商。想做到这一点，需要满足两个条件：一是客户对产品满意；二是客户对服务满意。

1. 客户对产品满意

当客户对产品满意，对服务不满意的时候，即使客户想做微商也不会选择成为我们的下家。代理同款产品的微商很多，客户选择上家的余地很大。再者，一个连服务都做不好的微商，如何能成为客户心中满意的上家？

2. 客户对服务满意

当客户对服务满意，对产品不满意的时候，即使客户想做微商也会代理另外一款产品。没有一个客户会选择代理一款不满意的产品，即使我们的服务再好也没用，因为微商卖的是产品，服务只是附加值。再者，一个连产品都做不好的微商，如何能成为客户心中满意的上家？

微商团队长如何做好客户回访？可以用以下话术打开话题。

“用我们的产品有一段时间了，可以反馈一下您的使用感受吗？我们也好再做改进。”

“这段时间业务比较多，都没怎么联系您，最近怎么样，产品还够用吗？”

“看您购买过几套我们的产品，您有什么好的建议吗？”

当然，转化的前提是你要不断地了解意向客户的需求，解答他的疑问，慢慢地消除他的顾虑。作为微商团队长，销售完一盒产品不是结束，而是刚刚开始。客户买完产品，进行售后维护，开发后端价值，发展代理商，让客户购买更多产品，这才是我们要做的。

第六节　做好完美售后服务的 4 个技巧

很多微商团队长会把工作重心放在销售前，殊不知做好售后服务同样重要。好的售后服务往往能让客户对你有一个好的评价，客户会复购或者转介绍客户，你能通过客户的好评来影响其他潜在客户。如果想让你的产品提高复购率，就必须重视售后服务。

为什么要重视售后服务？

（1）重视售后服务是为了给客户留下好印象。

在售后服务环节，不要引导客户购买其他产品。保持沟通，及时回访，留意客户反馈的意见，提升服务形象。

（2）售后服务的目的是与客户保持很好的黏性。

根据过往的经验，如果客户多次购买你的产品，就不会轻易更改商家。当然，前提是你的产品、价格、服务、附加价值远远超过竞争对手。

客户黏性越强，你跟客户的关系就会越好，客户的复购率就越大。

（3）让客户主动复购，达到不销而销的境界。

那么，如何才能做好售后服务？

微商团队长需要做到以下几点：

一、提前做好售后服务

从销售产品的那一刻起就要做好售后服务。

案例一：

客户买了你的产品，下单的时候你可以这么跟他说："我会在××时间跟你联系，很多客户经常因为忙而忘了使用产品，我会经常监督你，不能让你偷懒。"

案例二：

收款时不要客户一发红包你就收，这样显得有些心急，最好隔十几分钟再点击他发来的红包，会显得你比较重视客户的感受，而不是只在乎成交，虽然你的目的是赚钱，但延迟收款这种方式会让客户感觉更舒服。

与客户成交要说恭喜，千万不要说谢谢，否则客户会以为你赚了很多钱。你可以这样说："恭喜你做出了一个明智的决定，相信这是一个美好的开始。"在成交的时候一定要多加一句话，为后续客户转介绍做铺垫："如果你用得好，请一定帮我转介绍，这对我来说很重要，感谢您的支持。"

尤其需要注意的是，客户打款后，你要备注好信息，切忌出现忘记发货这种事。货物包装一定要干净整洁，不要随便包装，否则既有可能损坏物品，也会让客户觉得你不靠谱。

你可以手写一张卡片或者放点小礼品在包裹里面，这样也容易获得客户的好感。快递方面尽量要快，客户都想早点儿收到货物。

发货后可以通过物流信息及时跟进。一项贴心服务能快速拉近客户与你的距离，提高复购率和转介绍率。

发货后记得给客户发信息，你可以这样说："你的××今天已经发货了，快递单号是×××××××××××××。又快又好的××快递小哥正快马加鞭地为你送过去，请耐心等候！”

根据客户所在地区，查询物流信息后私信给客户。这块可以利用微信对话框的提醒功能提醒自己做好跟进工作，你可以这样说：“快递小哥终于把你心心念念的××送到你所在的城市了，请注意查收哟。”

客户收到产品的第二天，再私信客户进行回访互动：“收到咱们的××了吧，快递小哥的服务你还满意吗？”

要告诉客户产品的正确使用方法，以及某些注意事项，并且把电子版的使用说明书发送给客户，一定要让客户体验产品。

通过这样简单的几句话，就把售后的时间提前做了预约，是不是两全其美？

二、客户最好单独回访

现在很多微商团队长做回访都是群发信息，罗品牌认为这种方式是不理智的。

应该怎么处理？

微商团队长可以采用以下两种方式做回访。

1. 提前写好模板，单独发给对方

在发信息的时候，微商团队长可以在信息前面写上客户的名字，真名或者昵称都可以，这样对方就会感觉是单独给他发的信息。

2. 标签管理

标注标签可以使用微商团队长自己才能看懂的符号，这样就能知道哪些人是你的客户。

做好标签管理后，工作效率就提高了，当需要给客户单独发信息时，只需要到这个标签里找到某个客户，复制信息 + 她（他）的名字发送就可以了。

三、准备好回访资料

微商团队长可以根据自己的需求把所有的售后回访资料整理出来，主要包含以下 3 点。

1. 回访时间管理

做售后服务，微商团队长不要一天回访几个客户，需要单独用一段时间集中回访一批客户，否则天天做售后服务，效率很低，效果也不理想。要把回访的具体时间做成表格，方便执行。

2. 针对回访做好记录

如果产品复购率一般，客单价大，可以根据当时记录的客户情况，定期找时间和客户沟通，这就需要把备注的主要内容做详细。

3. 标签管理

如果产品复购率很高，但是客单价一般，那就要多建几个复购的标签，比如首购、二购、三购、四购等自己能够看懂的标签，这样也能很快找到价值高的客户。

现在微商处于一个精细化运作的时代，做好细节，才能在微商行业立于不败之地。

四、用细节服务感动客户

1. 记录细节，描述信息

描述信息可以是客户的年龄、地区、每一次购买的金额、存在的问题等，总之有价值的信息都要做详细备注。当开展售后服务时，这些就是打动客户的细节。

人最宝贵的就是时间，如果我们愿意花时间为别人做一件事，对方很容易感动。在现在大家都不愿意写信的年代，如果我们能够手写一封信，记录与客户交往的点点滴滴，感谢客户对我们的支持，对方一定会印象深刻，增加对我们的好感。

2. 引导客户进行信息反馈

客户使用产品后，微商团队长一定要主动引导客户说出感受，只有优化体验，引导客户反馈才能让客户真正感受到产品的功效。

客户使用我们的眼贴后，我们可以通过私聊问客户："用了眼贴后是不是眼前亮亮的？是不是整个人都变得非常轻松了？"

客户使用我们的减肥产品后，我们可以通过私聊问客户："产品使用了吗？你有没有感觉到身体发生了变化？"

经过两周产品使用，要及时查看客户的反馈情况，可以通过查看朋友圈记录来询问客户。

比如这样问："我看过你朋友圈里发的照片，你好像瘦了哟，这 14 天你是不是每天都在坚持吃/用咱们的 × ×？"

如果客户回复"坚持在吃"的话，你可以接着说："一定要坚持哟，加油！上次我的一个客户坚持用了 30 天，瘦了 20 斤，你再坚持 16 天也能有这个效果。"

如果客户回复"忘记吃了"，你可以这样说："啥情况，你是不是忙晕了？"（带个敲打或者发怒的表情）然后再用上面的话术："你一定要坚持哟，上次我一个客户坚持用了 30 天，瘦了 20 斤，你再坚持 16 天也能有这个效果。"

语气亲切、可爱，并且用其他成功案例作为引导，客户坚持下去的可能性非常大。你单独做回访的时候，就相当于增加了客户和你之间的情感链接，客户会觉得你是值得信任的，有合适的机会就会为你做转介绍。

3. 及时对客户的朋友圈信息进行回应

标注好零售客户，关注对方的朋友圈，对客户发出的朋友圈信息给予回应。

如果客户发了旅游的朋友圈信息，你可以私信："我刚关注了你的朋友圈，你去了 × ×？跟团还是自驾游？我正计划去那里呢。"

如果客户发了负能量的朋友圈信息，你可以私信："我刚才看了你的朋友圈信息，虽然不知道发生了什么事，但是我希望你能开开心心度过每一天！”

任何人都不会拒绝别人的关怀，一句关心的话就能击破对方的心理防线。

此外，跟客户用微信聊天的时候最好使用文字形式，方便截图晒反馈信息，以此来刺激其他潜在客户的购买欲望。

第七节　零成本开发客户背后资源的转介绍方法

成交对销售精英来说不是结束，而是意味着刚刚开始，转介绍所需投入的成本比直接开发新客户的成本要少百分之八十以上。

客户除了与你成交，他还可以扮演你生命中的哪些角色？如何把客户身上的多重价值充分挖掘出来？

一、客户不愿转介绍的常见原因和解决方案

微商团队长经常会让客户介绍一些潜在客户，为什么有的时候客户不愿转介绍？一般有以下三个原因：

第一，怕朋友不喜欢，怕朋友忌讳转介绍。

第二，怕产品不能给朋友带来效果。

第三，怕介绍不成，面对销售人员不好意思。

既然知道是哪些原因，解决思路也就有了。微商团队长可以采用以下几种方法：

1. 投石问路，循序渐进

在相互熟悉的情况下，微商团队长要学会投石问路，循序渐进。在客户情绪放松的情况下聊一聊客户身边的一些朋友。可以通过问一些问题了解客户朋友的背景、需求、痛点，相关资讯掌握得越多，越方便我们进一步要求客户做转介绍。

2. 以利益驱动客户做转介绍

客户不愿意做转介绍，往往是因为客户没有做这件事的动力，我们要让客户意识到做转介绍后自己能获得什么好处，自己的朋友能得到什么好处。微商团队长要明确告诉客户，做转介绍对三方都有利，以消除客户的顾虑。

3. 许下承诺，解除客户的顾虑

客户不愿做转介绍，多数情况都是多一事不如少一事。所以，在请求客户为你做转介绍时，你要向客户保证你的服务一定会让他的朋友满意。你可以用过往的成功案例，用你自信的状态，向客户传递信心，解除客户的顾虑。

总之，让客户帮你做转介绍，就要想办法在跟客户放松交流的情况下，对他身边朋友的信息多了解一点，然后找机会切入话题。同时，要不断地向客户传递信息，让他认识到转介绍是对三方都有利的。

二、让客户推荐新朋友的八个流程

很多人对转介绍只停留在概念上，还没有将其策略化和标准化。当你把转介绍当成你未来跟客户打交道的标准化动作，你就应该把它进行拆解，弄清楚到底怎样让客户转介绍，转介绍的流程是什么。具体而言，让客户推荐新朋友有以下 8 个流程。

1. 让客户再次确认产品的价值

客户用了你的产品，你要让客户认识到这套产品有什么价值。要让客户相信，这套产品不仅对他有价值，对他身边的朋友同样具有价值，所以，他做转介绍其实是在帮助自己的朋友。

2. 不要一次性让客户介绍太多朋友

一次让客户介绍 1～3 个同级别的新客户就差不多了，因为你要求对方介绍太多的话，对方可能会对你的这种强势要求产生反感，导致客户拒绝你的请求。

比如，跟客户确认产品确实有用后，你可以这么跟客户说："您这么需要它，我相信您肯定有不少朋友也需要它。您看方不方便推荐一两个朋友，我帮他们解决一下这方面的问题。"

类似这样的话，你可以想办法说得更委婉一些。最重要的是，不要一次要求客户介绍太多朋友，一次让客户介绍一两个就可以了。

3. 向老客户详细了解新客户的背景

在跟老客户放松聊天的过程中，我们要通过询问的方式引导老客户说出新客户的具体情况，了解新客户的需求、购买力、决策权等，要用旁敲侧击的方式把这些关键点都问出来。只有多了解，才能有所准备，从而与新客户顺利接触。

4. 和老客户确认产品对新客户有帮助

和老客户确认产品对新客户有帮助，这是非常重要的。如果老客户自己没有强烈的认知，觉得新客户在这方面有迫切需求，他就没有动力给你推荐。所以，你在跟他聊到他朋友的时候，不妨让他多介绍一下情况，甚至在你对他朋友了解比较多的情况下，你都可以对他的话进行总结，引导老客户给你做转介绍。你可以这样总结："从您说的情况可以看出您这位朋友过去在减肥上花了不少冤枉钱，她也很需要咱们的产品。您是她这么好的朋友，我相信您也特别想帮她。不过您也怕讲不清楚，这样，您把这个朋友的微信推送给我，您和她打个招呼，回头我看她方便的时候单独跟她聊，或者直接拜访她。我帮您解决您朋友的问题，您就别太操心了，保证让她满意，保证让她回头谢谢您，让您有面子。"

5. 请老客户当面给新客户打电话转介绍

为什么要请老客户当面给新客户打电话转介绍？如果你从老客户那里要来电话号码，用你的手机给新客户打电话，新客户看到是陌生号码，对你的第一好感就没有了。新客户接通电话后得知是老朋友把他的电话号码给了你，他对老朋友也会感到不满。

请老客户当面给新客户打电话转介绍，因为他们彼此熟悉，打电话的时候第一好感是有的。在他们寒暄过后，如果老客户在电话里为你美言几句，说："我的肥胖难题解决了，多亏一个做这方面产品的好朋友，你的问题我觉得完全可以找他。我回头把你的电话和微信号给他，让他跟你联系。”

有了老客户的铺垫，你再打电话过去就顺理成章，与新客户就容易沟通了。

6. 你和新客户第一次通话时要赞美老客户

在你和新客户第一次通话时一定要赞美老客户，这样既能给新客户留下好印象，也能表明你和老客户之间的信任关系。

比如，你可以这样说：“××的问题解决了，其实不完全是我的功劳，而是他信任我，也配合得好。我听说你在减肥上也有需求，看您什么时候方便，咱们约着见个面，谈谈你遇到的问题。”

你的这番话会让新客户对你产生好感。

7. 约时间见面详谈

转介绍多半是线下资源，我们最好约时间见面详谈。只有面对面的交谈说服效果才好，发文字信息及电话沟通对新客户的说服力是有限的。因此，我们要想办法跟新客户单独约见，当面给新客户进行产品展示、价值塑造、利益诱惑等。

8. 一定要向老客户汇报新客户的进展情况

最后一步，也是很多人容易忽略的一步，就是一定要向老客户汇报新客户的进展情况。因为老客户把他朋友介绍给你，他可能会担心朋友对他有意见，担心不能帮你促成这单生意，甚至他可能还有点私心，想着转介绍成功他能否得到好处。因此，我们要及时分阶段地向老客户汇报新客户的进展情况，而且要主动汇报，不要等老客户来问你。如果有好消息，可以好好感谢一下老客户；如果没有促成这单生意，也可以说：“买卖不成仁义在。”

通过这八个流程，微商团队长应该认识到，转介绍绝对不是只停留在概念层面，而是有要求、规范化的。如果微商团队长能把这八个流程吃透并且熟练运用，你会发现，你总能通过一个客户找到另一个客户，最终的结果是你将拥有无数客户。

三、转介绍的四个注意事项

1. 把转介绍当作销售过程的必用动作

让客户转介绍，你必须把转介绍当成自己成交过程的重要一环。每个客户都有不少朋友，转介绍可以使团队不断发生裂变，而且转介绍的成本只有直接开发客户成本的 20%。销售精英向来把转介绍当作成交真正开始。

微商团队长要想做大团队，必须把转介绍当成自己的习惯性动作，并且是必用动作。

2. 根据满意度决定是否立即请求转介绍

什么时候请求客户做转介绍？这要从老客户的满意度来判断。如果你跟老客户聊得很开心，时间也充裕，那就当场请求老客户转介绍；如果老客户没有太多时间跟你聊，或者是对方当时情绪不是特别好，那就慢慢跟进，以后再让他转介绍。

3. 即使不成交，也要请求转介绍

即使不成交你也要请求老客户转介绍。为什么？对方不跟你成交，也许有各种原因。你可以抓住机会，让对方对你产生一定的负疚感，比如让对方觉得你是全心全意为他好，你的东西确实好，并且你苦口婆心说了那么久，付出了不少时间和精力……然后，你不妨趁着对方有负疚感，直接要求其转介绍。

李姐，你看我口干舌燥地讲了这么多，我也了解你近期刚刚做了手术，在休养期间，也是赶巧了，确实现在你买了这个产品也不能马上使用。要不这样，你身边的朋友是否有减肥的需求，帮我介绍几个朋友好吗？

如果对方感受到了你的诚意，也看到了产品的价值，同时又因拒绝你而产生负疚感，她可能真的给你转介绍，所以，即使不成交也要请求转

介绍。

4. 对给你提供转介绍的客户必须有所回报

对那些提供转介绍的客户必须有所回报。因为转介绍降低了你开发新客户的成本，也帮你开拓了客源，增加了收入。你给客户一个鼓励性的回报是理所应当的。比如，送他一些产品，给他发个红包，或者是下次他来买你的产品时，你给他一个折扣。

如果客户帮了你的忙，最后却没有得到任何回报，可能对方对你感到失望，以后就不会帮你转介绍，甚至不复购你的产品。

四、深层次开发客户价值的五步阶梯法

对微商团队长而言，客户有多重身份、多重价值。如果你把客户只当成交者看待，你的格局和收入都将是有限的，所以，我们要对客户进行深层次开发。

可以运用五步阶梯法来开发客户。五步阶梯法包括服务、分成、代理、买断、股权。

服务就是我们为客户提供服务，提供产品。我们收客户的服务费和产品费用，这是初期的一种身份，我们叫它单点价值。如果你能让客户帮你转介绍的话，这就是把客户升级了；如果能把客户发展成自己团队的一名代理商，客户与你的关系就更紧密，就具有了多点价值。

有些客户资源很多。他是你的客户，也能帮你带来新客户，他带来足够多的客户后，你可以让他做你的代理商、经销商。有时候你会发现，有些客户的资源多，能力强，你可以想办法把他挖过来直接成为你的合作伙伴，你给他一个最低的价格，让他成为你的一级代理商，甚至是核心执行董事、联合创始人等，让他可以拓展自己的销售网络，这就是买断，让他包销。

最后一阶段就是股权，有些客户能力很强，强到了如果你不团结他，他就有可能成为你的竞争对手。你不妨想办法团结他，让他成为你的合伙

人，跟你合作开发产品市场。

这就是我们想办法深层次开发客户多重价值的五步阶梯法。

这五个阶梯，一个比一个高级。当你的客户和你不仅是买卖关系，而且上升到合作关系的时候，你就需要考虑如何让合作更加深入，让你的利润最大化。

给大家提供一个建议，如果你掌握着你所在领域的销售资源，并且还维系着一些精英客户的话，你就可以不断升级与这些客户的关系。最重要的是我们要有一个思维和意识，即认识到你的客户具有多重价值，如果你用心地为他服务，他就很有可能成为你的代理商，你的承包商，你的合伙人。

所以，你一定要用心把每个客户服务好，通过观察去发现哪个客户资源多，哪个客户能力强，哪个客户跟你关系好。想办法维系这些能力强、资源多、与你关系好的人，不断升级你和他们之间的关系，这样微商团队长才能真正做大做强，才能够实现收入倍增。

五、做好售后，引导顾客转介绍的话术大全

做好售后服务还有一个重要原则——换位思考，就是多站在客户的角度考虑问题。

当客户说产品效果不太理想时，你千万不要说：“不会的，我们的客户都没有出现过这样的问题。”因为你这么说，相当于你直接在说客户撒谎，瞬间就把客户推向了你的对立面，后面即使你做大量的善后工作，也很难挽回这句话给客户带来的心理伤害。

售后服务其实不需要太多技巧，它的核心是“用心服务”。

售后服务提前，客户会更高兴，我们不要把客户当上帝，当朋友相处就可以了，不用心机就是最好的心机。

在客户体验满意后，微商就要发动客户帮你做转介绍。让你的客户帮你做转介绍，你需要给他一个理由，让他明白转介绍的意义。为什么要转介绍？对他来说有什么意义？对你来说有什么意义？对转介绍的新客户有什么意义？

下面是几个很有效的话术模板：

话术一：

感谢你对咱家×××产品的认可，你的反馈非常好，能真正地帮到你，我真的太开心了。你还记得当初说要给我转介绍吗？可别忘了。（记得加表情）

话术二：

转介绍对你来说可能只是一个很简单的分享动作，但对我来说意味着肯定，对产品的肯定，对我个人的肯定，这可以坚定我在创业道路上的信心，让我更加努力地走下去，所以真心期待你能给我转介绍。

话术三：

如果你能给我转介绍，或许我这个月就能拿到我们团队的销售冠军，所以你这个简单的分享动作对我来说非常重要，是对我莫大的鼓励，到时候我一定要好好感谢你。

话术四：

其实你也明白，身体胖是非常难受的，你也是这样的情况，现在你对这个产品非常认可，你只需要一个简单的动作就能够帮助你身边的朋友。我相信你的朋友也会感谢你把这样的好产品分享给他们，他们会很开心的。

话术五：

我会给你介绍的朋友一个特殊的待遇，只要报你的名字，我会送他3份小礼品，一个分享的动作能够把健康美丽传递给更多人，我相信你也是非常愿意的，是不是？

你可以根据你和客户的具体情况来讲一些价值和意义，把转介绍的价值和意义最大化，客户转介绍的动机会更强。同时，记得要发一个感恩红包，这样客户转介绍的概率会更高。

光把转介绍的意义讲清楚还不行，还需要给客户最简单的转介绍方法。因为有时候客户的事一多就忘记这件事了，所以要让客户立即行动，立马看到效果。

微商本身就是分享经济的代表，最简单的转介绍方法就是让客户把自己的产品体验分享到朋友圈，形成传播分享。你要事先把文案和图片准备好，发给客户，让客户直接进行分享。不要指望客户自己写文案、发图片，因为客户要么没有时间，要么不愿意自己写文案，而且也不擅长写文案。

文案不用很复杂，清晰地表达出客户的感受即可。

翻出来自己的旧历史，一直是喝水都长肉。

在朋友圈看到这个产品，就买回来试了半个月。

整整瘦了4斤，明明那么美，白白胖了那么多年。

好的产品不敢独享，愿意分享给你，需要直接扫码加微信即可。

记得报我的名字，有额外的惊喜福利赠送。

配图最好是客户本人使用产品的照片。让客户的朋友看到他的明显变化，宣传效果会更好。

当客户把文案和图片发到朋友圈后，你第二天可以问他是否有人评论咨询，80%的概率是有人评论咨询。你就可以跟客户这么说："他们都说了什么？能不能把他们的名片推送给我？"

因为有的人不会主动添加你为微信好友，所以你需要让客户把名片推送过来，你主动添加微信好友，再去跑销售。相比客户，你更懂产品，更专业，销售起来也更加简单。

对于微商来说，针对高复购率的产品，引导客户复购、转介绍是非常重要的环节，也是提升业绩的一个重要环节。作为微商团队长，你的售后服务和业绩是成正比的，要想业绩好，就要维护好每一位老客户。把服务做到极致，做到让客户感动，做到成交一个客户交一个朋友，做到让客户自发地为你转介绍，这才是忠诚的关系。

联合出版人名单

序号	名称	头衔	微信号
1	王九山	《微商引流爆粉实战宝典》作者	876193
2	胡源	微世界总经理	hy946280
3	赵淼	嗨团筑梦团队创始人	Riley-MNSF
4	阿牛	阿牛笔记作者	aniubiji
5	杨林	实体微商裂变模式实践者	sheep5100
6	李赏	星耀旅行首席执行官	Lixiangxue1975
7	王易	超级畅销书《微信，这么玩才赚钱》作者	wangyi2015520
8	童允	凤巢国韵茶文化创始人	DYRIloveyou1214
9	杜永光	《微哥有约》创始人	hnwm2007
10	陛下	薇缇薇总裁	An_Ekean
11	夏雪峰	北京品宣科技创始人	xiaxuefeng2009
12	萍萍姐	KISSFORRI 燕窝护肤品创始人	pyp596524924
13	王介威	品牌微商运营专家	weixinonline360
14	刘雷	刘雷营销策划有限公司董事长	supaiyingxiao
15	刘阿甘	IP 小王子 魔马会创始人	b374207191
16	陶小开	一起学堂/一起微商/小 U 管家联合创始人	thinkenkk
17	程颖	见微传媒创始人	cychristing
18	江礼坤	北大清华总裁班特约讲师	jianglikuncom
19	石建鹏	著名网络营销专家	jianpeng4134
20	孙庆新	微商水印相机创始人	sunqx1984
21	王小见	沅漾创始人	wjLmy1010
22	Ken	腾邦集团微商旅游负责人	ONLYLOVE19931124
23	王栋	沐熙集团 CEO	qianjinyizi
24	大雨	《朋友圈营销实操手记》作者	tv6291
25	庄宇峰	觅食派品牌创始人	mastermindDaniel
26	庄建忠	美年畅逍创始人	zhuangjz
27	肖晓静	10 年营销系统运营管理咨询	kkll1016
28	刘婧雅	世界新微商大会特邀主讲导师	queyouliujingya
29	方强	商标先生 IP 创始人	soomail
30	冰儿	微营销专业讲师	kaixinna999
31	Coco	新时代聚星团队创始人	coco513467950
32	露露	微商品牌运营导师	lulu218729

续表

序号	名称	头衔	微信号
33	宋伟	共享拼拼首席操盘手	zjyimiao888888
34	周三火	舒奈芙联合创始人	fashion-makeup
35	叶子	阁莉绮运营 CEO	yyx742695912
36	青云大圣	青云书院创始人	lanyu5555
37	刘森	深加速东莞华为分校校长	lsym1022
38	紫骐	贰食肆品牌创始人	Big_ki
39	陆玲燕	恩嘉琪品牌创始人	amylulu88
40	孙洪留	百年五香居卤味传承人	A006969
41	白鹭	白鹭康匀纯手工创始人	bailu198198
42	王伟	通辽市诚健商贸有限公司	tlcj5559
43	旭哥	香港唯爱集团执行总裁	seven_xu_er
44	猫妈	维娜芬云起团队创始人	maomahaohuo
45	澜心	犀牛妈妈优选创始人	chenlan9527
46	诚哥	京润珍珠微商总经理	wangzhebo007
47	吴峰	逗渔品牌创始人	mihuweishang
48	施力兰	美俏国际创始人	weiboalan-cat
49	谭欢新	安朵玉颜美容产品系列创始人	abc13621422828
50	赵十年	欢鱼品牌创始人	Theonezjy
51	哲哥	亿级战略规划师	kelly_babe623
52	何刚	蜜芽 SN 战队功成联盟创始人	hg520jin
53	水晶	那顺额尔敦创始人	zy642fj
54	凤娟	上者集团官方合伙人	love090513
55	梨子酱	焙尔妈妈全国合伙人	bearmama666
56	小可爱	Nine House 中润・九屋股东	Meialan
57	岳珥	蜜芽签约服务商	yueer0128
58	温妮	源自国际创始人	yaowenwen888
59	花花	嗨团筑梦花花团队创始人	sjh1083184397
60	艾玛	嗨团联合创始人	beli-eve
61	凯儿	嗨团联合创始人	wxid_unuuypwf16h521
62	刘依媛	轻藜联合创始人	yy35876514
63	白露	蜜芽 Up + 创始人	xiaoqian00290029
64	毛毛	初蜜联盟创始人	msl8996097

续表

序号	名称	头衔	微信号
65	槑呆呆	燕兰熹总经销商	ccdd2005
66	左少燕	好姿色中药护肤创始人	yan17773327352
67	胡佳	三生好棉品牌合伙人	JiaSiXiJun

推荐作者得新书！

博瑞森征稿启事

亲爱的读者朋友：

感谢您选择了博瑞森图书！希望您手中的这本书能给您带来实实在在的帮助！

博瑞森一直致力于发掘好作者、好内容，希望能把您最需要的思想、方法，一字一句地交到您手中，成为管理知识与管理实践的桥梁。

但是我们也知道，有很多深入企业一线、经验丰富、乐于分享的优秀专家，或者忙于实战没时间，或者缺少专业的写作指导和便捷的出版途径，只能茫然以待……

还有很多在竞争大潮中坚守的企业，有着异常宝贵的实践经验和独特的洞察，但缺少专业的记录和整理者，无法让企业的经验和故事被更多的人了解、学习……

对读者而言，这些都太遗憾了！

博瑞森非常希望能将这些埋藏的"宝藏"发掘出来，贡献给广大读者，让更多的人从中受益。

所以，我们真心地邀请您，我们的老读者，帮我们搜寻：

推荐作者

可以是您自己或您的朋友，只要对本土管理有实践、有思考；可以是您通过网络、杂志、书籍或其他途径了解的某位专家，不管名气大小，只要他的思想和方法曾让您深受启发。

可以是管理类作品，也可以超出管理，各类优秀的社科作品或学术作品。

推荐企业

可以是您自己所在的企业，或者是您熟悉的某家企业，其创业过程、运营经历、产品研发、机制创新，等等。无论企业大小，只要乐于分享、有值得借鉴书写之处。

总之，好内容就是一切！

博瑞森绝非"自费出书"，出版费用完全由我们承担。您推荐的作者或企业案例一经采用，我们会立刻向您赠送书币 1000 元，可直接换取任何博瑞森图书的纸书或电子书。

感谢您对本土管理原创、博瑞森图书的支持！

推荐投稿邮箱：bookgood@126.com　　推荐手机：13611149991

1120本土管理实践与创新论坛

这是由100多位本土管理专家联合创立的企业管理实践学术交流组织，旨在孵化本土管理思想、促进企业管理实践、加强专家间交流与协作。

论坛每年集中力量办好两件大事：第一，“**出一本书**”，汇聚一年的思考和实践，把最原创、最前沿、最实战的内容集结成册，贡献给读者；第二，“**办一次会**”，每年11月20日本土管理专家们汇聚一堂，碰撞思想、研讨案例、交流切磋、回馈社会。

论坛理事名单（以年龄为序，以示传承之意）

首届常务理事：

彭志雄　曾伟　施炜　杨涛　张学军　郭晓　程绍珊　胡八一
王祥伍　李志华　陈立云　杨永华

理　　事：

张再林　卢根鑫　刘文瑞　王铁仁　周荣辉　罗珉　房西苑　曾令同
黄民兴　陆和平　孟广桥　宋杼宸　张国祥　刘承元　叶兴平　曹子祥
宋新宇　吴越舟　吴坚　杜建君　戴欣明　仲昭川　刘春雄　刘祖轲
张茂泽　段继东　陈立胜　梁涛　何慕　秦国伟　贺兵一　罗海容
张小虎　陈忠建　郭剑　余晓雷　黄中强　朱玉童　沈坤　阎立忠
张进　丁兴良　朱仁健　薛宝峰　史贤龙　卢强　史幼波　黄剑黎
叶敦明　王涛　李文才　王强　张远凤　陈明　廖信琳　岑立聪
方刚　何足奇　周俊　杨奕　孙行健　孙嘉晖　张东利　郭富才
叶宁　何屹　沈奎　王明胤　王超　马宝琳　谭长春　杨竣雄
夏惊鸣　张博　段传敏　李洪道　胡浪球　孙波　唐江华　程翔
翟玉忠　刘红明　杨鸿贵　伯建新　高可为　李蓓　王春强　孔祥云
戴勇　贾同领　罗宏文　张兵武　史立臣　李政权　余盛　陈小龙
尚锋　邢雷　余伟辉　李小勇　苗庆显　孙巍　陈继展　全怀周
林延君　王清华　初勇钢　陈锐　高继中　聂志新　黄屹　沈拓
徐伟泽　潦寒　谭洪华　崔自三　王玉荣　蒋军　侯军伟　黄润霖
朱伟杰　金国华　吴之　葛新红　周剑　崔海鹏　李治江　陈海超
柏龑　唐道明　刘书生　朱志明　曲宗恺　杜忠　黄渊明　王献永
范月明　吕林　刘文新　赵晓萌　张伟　韩旭　韩友诚　熊亚柱
秦海林　孙彩军　刘雷　贺小林　王庆云　黄娜　俞士耀　田军
丁昀　张小峰　黄磊　罗晓慧　赵海永　伏泓霖　任彭枞　梁小平
鄢圣安　马方旭　乐涛　杨晓燕　欧阳莉华　陈慧　张璐

企业案例・老板传记

	书名．作者	内容/特色	读者价值
企业案例・老板传记	**你不知道的加多宝：原市场部高管讲述** 曲宗恺　牛玮娜　著	前加多宝高管解读加多宝	全景式解读，原汁原味
	借力咨询：德邦成长背后的秘密 官同良　王祥伍　著	讲述德邦是如何借助咨询公司的力量进行自身与发展的	来自德邦内部的第一线资料，真实、珍贵，令人受益匪浅
	娃哈哈区域标杆：豫北市场营销实录 罗宏文　赵晓萌　等著	本书从区域的角度来写娃哈哈河南分公司豫北市场是怎么进行区域市场营销，成为娃哈哈全国第一大市场、全国增量第一高市场的一些操作方法	参考性、指导性，一线真实资料
	六个核桃凭什么：从0过100亿 张学军　著	首部全面揭秘养元六个核桃裂变式成长的巨著	学习优秀企业的成长路径，了解其背后的理论体系
	像六个核桃一样：打造畅销品的36个简明法则 王　超　范　萍　著	本书分上下两篇：包括“六个核桃”的营销战略历程和36条畅销法则	知名企业的战略历程极具参考价值，36条法则提供操作方法
	解决方案营销实战案例 刘祖轲　著	用10个真案例讲明白什么是工业品的解决方案式营销，实战、实用	有干货、真正操作过的才能写得出来
	招招见销量的营销常识 刘文新　著	如何让每一个营销动作都直指销量	适合中小企业，看了就能用
	我们的营销真案例 联纵智达研究院　著	五芳斋粽子从区域到全国/诺贝尔瓷砖门店销量提升/利豪家具出口转内销/汤臣倍健的营销模式	选择的案例都很有代表性，实在、实操！
	中国营销战实录：令人拍案叫绝的营销真案例 联纵智达　著	51个案例，42家企业，38万字，18年，累计2000余人次参与……	最真实的营销案例，全是一线记录，开阔眼界
	双剑破局：沈坤营销策划案例集 沈　坤　著	双剑公司多年来的精选案例解析集，阐述了项目策划中每一个营销策略的诞生过程，策划角度和方法	一线真实案例，与众不同的策划角度令人拍案叫绝、受益匪浅
	宗：一位制造业企业家的思考 杨　涛　著	1993年创业，引领企业平稳发展20多年，分享独到的心得体会	难得的一本老板分享经验的书
	简单思考：AMT咨询创始人自述 孔祥云　著	著名咨询公司（AMT）的CEO创业历程中点点滴滴的经验与思考	每一位咨询人，每一位创业者和管理经营者，都值得一读
	边干边学做老板 黄中强　著	创业20多年的老板，有经验、能写、又愿意分享，这样的书很少	处处共鸣，帮助中小企业老板少走弯路
	三四线城市超市如何快速成长：解密甘雨亭 IBMG国际商业管理集团　著	国内外标杆企业的经验＋本土实践量化数据＋操作步骤、方法	通俗易懂，行业经验丰富，宝贵的行业量化数据，关键思路和步骤
	中国首家未来超市：解密安徽乐城 IBMG国际商业管理集团　著	本书深入挖掘了安徽乐城超市的试验案例，为零售企业未来的发展提供了一条可借鉴之路	通俗易懂，行业经验丰富，宝贵的行业量化数据，关键思路和步骤

互联网＋

	书名．作者	内容/特色	读者价值
互联网＋	**新营销** 刘春雄　著	新营销的新框架体系是场景是产品逻辑，IP是品牌逻辑，社群是连接逻辑，传播是营销逻辑	助力品牌商实现由传统营销到新营销的理念和行动的跨越，助力企业打赢升级转型之仗
	企业微信营销全指导 孙　巍　著	专门给企业看到的微信营销书，手把手教企业从小白到微信营销专家	企业想学微信营销现在还不晚，两眼一抹黑也不怕，有这本书就够

续表

	书名/作者	内容简介	推荐理由
互联网+	**企业网络营销这样做才对:B2B 大宗 B2C** 张　进　著	简单直白拿来就用,各种窍门信手拈来,企业网络营销不麻烦也不用再头疼,一般人不告诉他	B2B、大宗 B2C 企业有福了,看了就能学会网络营销
	互联网时代的银行转型 韩友诚　著	以大量案例形式为读者全面展示和分析了银行的互联网金融转型应对之道	结合本土银行转型发展案例的书籍
	正在发生的转型升级·实践 本土管理实践与创新论坛　著	企业在快速变革期所展现出的管理变革新成果、新方法、新案例	重点突出对于未来企业管理相关领域的趋势研判
	触发需求:互联网新营销样本·水产 何足奇　著	传统产业都在苦闷中挣扎前行,本书通过鲜活的案例告诉你如何以需求链整合供应链,从而把大家熟知的传统行业打碎了重构、重做一遍	全是干货,值得细读学习,并且作者的理论已经经过了他亲自操刀的实践检验,效果惊人,就在书中全景展示
	移动互联新玩法:未来商业的格局和趋势 史贤龙　著	传统商业、电商、移动互联,三个世界并存,这种新格局的玩法一定要懂	看清热点的本质,把握行业先机,一本书搞定移动互联网
	微商生意经:真实再现 33 个成功案例操作全程 伏泓霖　罗晓慧　著	本书为 33 个真实案例,分享案例主人公在做微商过程中的经验教训	案例真实,有借鉴意义
	阿里巴巴实战运营——14 招玩转诚信通 聂志新　著	本书主要介绍阿里巴巴诚信通的十四个基本推广操作,从而帮助使用诚信通的用户及企业更好地提升业绩	基本操作,很多可以边学边用,简单易学
	阿里巴巴实战运营 2:诚信通热卖技巧 聂嵘海　著	诚信通 TOP 商家赚钱的密码箱,手把手教你操作,拿来就用	图文并茂,内容齐全,直接可以对照使用
	抖音营销如何做:未来抖商 刘大贺　著	解密从 0 到 1 亿粉丝的实操路径,深度剖析抖音营销全系统策略	企业做抖音营销的第一书
	微商团队长:从入门到精通 罗品牌　著	由浅入深,涵盖微商团队长必学技能的方方面面	只要照着做,就能当好微商团队长
	互联网精准营销 蒋　军　著	怎么在互联网时代整体策划、包装品牌和产品,并在此基础上为企业设计商业模式,技术实现并运营落地	为有基础的小微企业(大企业的新项目)1 年实现销售额过亿,2 年对接资本,3 年左右准 IPO
	今后这样做品牌:移动互联时代的品牌营销策略 蒋　军　著	与移动互联紧密结合,告诉你老方法还能不能用,新方法怎么用	今后这样做品牌就对了
	互联网+"变"与"不变":本土管理实践与创新论坛集萃·2016 本土管理实践与创新论坛　著	本土管理领域正在产生自己独特的理论和模式,尤其在移动互联时代,有很多新课题需要本土专家们一起研究	帮助读者拓宽眼界、突破思维
	创造增量市场:传统企业互联网转型之道 刘红明　著	传统企业需要用互联网思维去创造增量,而不是用电子商务去转移传统业务的存量	教你怎么在"互联网+"的海洋中创造实实在在的增量
	重生战略:移动互联网和大数据时代的转型法则 沈　拓　著	在移动互联网和大数据时代,传统企业转型如同生命体打算与再造,称之为"重生战略"	帮助企业认清移动互联网环境下的变化和应对之道
	画出公司的互联网进化路线图:用互联网思维重塑产品、客户和价值 李　蓓　著	18 个问题帮助企业一步步梳理出互联网转型思路	思路清晰、案例丰富,非常有启发性
	7 个转变,让公司 3 年胜出 李　蓓　著	消费者主权时代,企业该怎么办	这就是互联网思维,老板有能这样想,肯定倒不了
	跳出同质思维,从跟随到领先 郭　剑　著	66 个精彩案例剖析,帮助老板突破行业长期思维惯性	做企业竟然有这么多玩法,开眼界

续表

行业类:零售、白酒、食品/快消品、农业、医药、建材家居等			
	书名．作者	内容/特色	读者价值
零售·超市·餐饮·服装	**总部有多强大,门店就能走多远** IBMG 国际商业管理集团　著	如何把总部做强,成为门店的坚实后盾	了解总部建设的方法与经验
	超市卖场定价策略与品类管理 IBMG 国际商业管理集团　著	超市定价策略与品类管理实操案例和方法	拿来就能用的理论和工具
	连锁零售企业招聘与培训破解之道 IBMG 国际商业管理集团　著	围绕零售企业组织架构、培训体系建设等内容进行深刻探讨	破解人才发现和培养瓶颈的关键点
	中国首家未来超市:解密安徽乐城 IBMG 国际商业管理集团　著	介绍了乐城作为中国首家未来超市从无到有的传奇经历	了解新型零售超市的运作方式及管理特色
	三四线城市超市如何快速成长:解密甘雨亭 IBMG 国际商业管理集团　著	揭秘一家三四线连锁超市的经验策略	不但可以欣赏它的优点,而且可以学会它成功的方法
	新零售　新终端 迪智成咨询团队　著	梳理和提炼新零售的系统打法,将之落地在新终端建设上	让新零售这一看似形而上的商业概念有了可以落地的立足点
	新零售动作分解:建材　家居家具 盛斌子　著	第一本锁定在家居建材、家电、家装等耐用消费品领域谈新零售的书	第一本谈新零售的具体动作、策略、方法、招术的书,拿来就用
	新零售进化趋势与未来格局 李政权　著	通过业态、品类、体验、场景等,逐一呈现新零售的未来进化	就新零售未来的发展方向与进化趋势给出一个确定性的未来
	涨价也能卖到翻 村松达夫　【日】	提升客单价的 15 种实用、有效的方法	日本企业在这方面非常值得学习和借鉴
	移动互联下的超市升级 联商网专栏频道　著	深度解析超市转型升级重点	帮助零售企业把握全局、看清方向
	手把手教你做专业督导:专卖店、连锁店 熊亚柱　著	从督导的职能、作用,在工作中需要的专业技能、方法,都提供了详细的解读和训练办法,同时附有大量的表单工具	无论是店铺需要统一培训,还是个人想成为优秀的督导,有这一本就够了
	百货零售全渠道营销策略 陈继展　著	没有照本宣科、说教式的絮叨,只有笔者对行业的认知与理解,庖丁解牛式的逐项解析、展开	通俗易懂,花极少的时间快速掌握该领域的知识及趋势
	零售:把客流变成购买力 丁　昀　著	如何通过不断升级产品和体验式服务来经营客流	如何进行体验营销,国外的好经营,这方面有启发
	餐饮企业经营策略第一书 吴　坚　著	分别从产品、顾客、市场、盈利模式等几个方面,对现阶段餐饮企业的发展提出策略和思路	第一本专业的、高端的餐饮企业经营指导书
	餐饮新营销 杨　勇　程绍珊　著	在新环境下,对餐饮营销管理进行了全面深入的解读,提供了方式方法	全面性、系统性,区别于市面上的纯操作类作品
	电影院的下一个黄金十年:开发·差异化·案例 李保煜　著	对目前电影院市场存大的问题及如何解决进行了探讨与解读	多角度了解电影院运营方式及代表性案例
	赚不赚钱靠店长:从懂管理到会经营 孙彩军　著	通过生动的案例来进行剖析,注重门店管理细节方面的能力提升	帮助终端门店店长在管理门店的过程中实现经营思路的拓展与突破
耐消品	**商用车经销商运营实战** 杜建君　王朝阳　章晓青　等著	从管理到经营,从销售到服务,系统化运作全指导	为经销商经营开阔思路,掌握方法
	汽车配件这样卖:汽车后市场销售秘诀 100 条 俞士耀　著	汽配销售业务员必读,手把手教授最实用的方法,轻松得来好业绩	快速上岗,专业实效,业绩无忧

续表

耐消品	**润滑油销售:这样说这样做更有效** 张金荣　著	针对渠道、经销商、终端的超实用话术	上车看,下车用,3分钟就能学会。
	新经销:新零售时代,教你做大商 黄润霖　著	从选址、产品、促销、团队、规模阐述新经销变与不变的市场手法和操作思路	实地拜访近100位经销商在传统营销手法上的创新、新营销工具的发现
	珠宝黄金新营销 崔德乾　著	营销、品牌、产品、连接、场景、社群、服务、传播、管理及产业价值链	新营销在珠宝行业的实战应用,业内必备第一书
	跟行业老手学经销商开发与管理:家电、耐消品、建材家居 黄润霖　著	全部来源于经销商管理的一线问题,作者用丰富的经验将每一个问题落实到最便捷快速的操作方法上去	书中每一个问题都是普通营销人亲口提出的,这些问题你也会遇到,作者进行的解答则精彩实用
白酒	**酒水饮料快消品餐饮渠道营销手册** 朱伟杰　著	主要针对快消品(酒水、饮料)的餐饮渠道,提供了区域、商圈、不同业态的规划和促销安排等多种工具,并提出了经销商、批发商等相关人员的管理方法	一本酒水饮料如何在餐饮渠道销售的全能手册,内容深入翔实,可以直接照搬套用,这样的便利简直千金不换
	白酒到底如何卖 赵海永　著	以市场实战为主,多层次、全方位、多角度地阐释了白酒一线市场操作的最新模式和方法,接地气	实操性强,37个方法、6大案例帮你成功卖酒
	变局下的白酒企业重构 杨永华　著	帮助白酒企业从产业视角看清趋势,找准位置,实现弯道超车的书	行业内企业要减少90%,自己在什么位置,怎么做,都清楚了
	1. 白酒营销的第一本书(升级版) **2. 白酒经销商的第一本书** 唐江华　著	华泽集团湖南开口笑公司品牌部长,擅长酒类新品推广、新市场拓展	扎根一线,实战
	区域型白酒企业营销必胜法则 朱志明　著	为区域型白酒企业提供35条必胜法则,在竞争中赢销的葵花宝典	丰富的一线经验和深厚积累,实操实用
	10步成功运作白酒区域市场 朱志明　著	白酒区域操盘者必备,掌握区域市场运作的战略、战术、兵法	在区域市场的攻伐防守中运筹帷幄,立于不败之地
	酒业转型大时代:微酒精选2014－2015 微酒　主编	本书分为五个部分:当年大事件、那些酒业营销工具、微酒独立策划、业内大调查和十大经典案例	了解行业新动态、新观点,学习营销方法
快消品·食品	**中国快消品营销的这些年** 史贤龙　著	作者精华文章的合集,一本书浓缩了过去十五年,中国营销的实战历程与前沿思考	快消品营销行业的案例和方法都原汁原味呈现,在反映当时风貌的同时,展望与反思
	营销中国茶:2小时读懂茶叶营销 史贤龙　著	从不同视角对中国的茶营销进行了思考,内容涉及中国茶产业战略困境、茶企规模化、茶品牌崛起、茶文化、茶营销、茶消费、茶零售、茶道等	内容丰富扎实,文字流畅,浓缩的都是精华,让你2小时读懂茶叶营销
	这样打造快消品标杆市场 罗宏文　著	帮助你解决如何成功打造标杆市场和进行持续增量管理两大问题	一套系统的方法论,通俗易懂,可以直接套用
	5小时读懂快消品营销:中国快消品案例观察 陈海超　著	多年营销经验的一线老手把案例掰开了、揉碎了,从中得出的各种手段和方法给读者以帮助和启发	营销那些事儿的个中秘辛,求人还不一定告诉你,这本书里就有
	快消品招商的第一本书:从入门到精通 刘　雷　著	深入浅出,不说废话,有工具方法,通俗易懂	让零基础的招商新人快速学习书中最实用的招商技能,成长为骨干人才
	乳业营销第一书 侯军伟　著	对区域乳品企业生存发展关键性问题的梳理	唯一的区域乳业营销书,区域乳品企业一定要看

续表

快消品·食品	金龙鱼背后的粮油帝国 余　盛　著	讲述金龙鱼品牌及母公司丰益国际的商业冒险故事	在精彩的阅读体验中学到营销管理的方法
	食用油营销第一书 余　盛　著	10多年油脂企业工作经验，从行业到具体实操	食用油行业第一书，当之无愧
	中国茶叶营销第一书 柏　龑　著	如何跳出茶行业"大文化小产业"的困境，作者给出了自己的观察和思考	不是传统做茶的思路，而是现在商业做茶的思路
	调味品企业八大必胜法则 张　戟　著	八大规律性的关键成功要素，背后都有本土调味品企业的成功实践	"观点阐述＋案例描述"，行业必读
	调味品营销第一书 陈小龙　著	国内唯一一本调味品营销的书	唯一的调味品营销的书，调味品的从业者一定要看
	快消品营销人的第一本书：从入门到精通 刘　雷　伯建新　著	快消行业必读书，从入门到专业	深入细致，易学易懂
	变局下的快消品营销实战策略 杨永华　著	通胀了，成本增加，如何从被动应战变成主动的"系统战"	作者对快消品行业非常熟悉、非常实战
	快消品经销商如何快速做大 杨永华　著	本书完全从实战的角度，评述现象，解析误区，揭示原理，传授方法	为转型期的经销商提供了解决思路，指出了发展方向
	快消品营销：一位销售经理的工作心得2 蒋　军　著	快消品、食品饮料营销的经验之谈，重点图书	来源与实战的精华总结
	快消品营销与渠道管理 谭长春　著	将快消品标杆企业渠道管理的经验和方法分享出来	可口可乐、华润的一些具体的渠道管理经验，实战
	成为优秀的快消品区域经理（升级版） 伯建新　著	用"怎么办"分析区域经理的工作关键点，增加30%全新内容，更贴近环境变化	可以作为区域经理的"速成催化器"
	销售轨迹：一位快消品营销总监的拼搏之路 秦国伟　著	本书讲述了一个普通销售员打拼成为跨国企业营销总监的真实奋斗历程	激励人心，给广大销售员以力量和鼓舞
	快消老手都在这样做：区域经理操盘锦囊 方　刚　著	非常接地气，全是多年沉淀下来的干货，丰富的一线经验和实操方法不可多得	在市场摸爬滚打的"老油条"，那些独家绝招妙招一般你问都是问不来的
	动销四维：全程辅导与新品上市 高继中　著	从产品、渠道、促销和新品上市详细讲解提高动销的具体方法，总结作者18年的快消品行业经验，方法实操	内容全面系统，方法实操
农业	饲料营销有方法：策略　案例　工具 陈石平　著	跳出饲料看饲料，根据饲料营销的关键成功要素（KSF）提出7大核心命题	紧跟农牧产业发展大势，提高饲料企业营销竞争力
	新农资如何换道超车 刘祖轲　等著	从农业产业化、互联网转型、行业营销与经营突破四个方面阐述如何让农资企业占领先机、提前布局	南方略专家告诉你如何应对资源浪费、生产效率低下、产能严重过剩、价格与价值严重扭曲等
	中国牧场管理实战：畜牧业、乳业必读 黄剑黎　著	本书不仅提供了来自一线的实际经验，还收入了丰富的工具文档与表单	填补空白的行业必读作品
	中小农业企业品牌战法 韩　旭　著	将中小农业企业品牌建设的方法，从理论讲到实践，具有指导性	全面把握品牌规划，传播推广，落地执行的具体措施
	农资营销实战全指导 张　博　著	农资如何向"深度营销"转型，从理论到实践进行系统剖析，经验资深	朴实、使用！不可多得的农资营销实战指导
	农产品营销第一书 胡浪球　著	从农业企业战略到市场开拓、营销、品牌、模式等	来源于实践中的思考，有启发
	变局下的农牧企业9大成长策略 彭志雄　著	食品安全、纵向延伸、横向联合、品牌建设……	唯一的农牧企业经营实操的书，农牧企业一定要看

续表

医药	在中国，医药营销这样做：时代方略精选文集 段继东　主编	专注于医药营销咨询15年，将医药营销方法的精华文章合编，深入全面	可谓医药营销领域的顶尖著作，医药界读者的必读书
医药	医药新营销：制药企业、医药商业企业营销模式转型 史立臣　著	医药生产企业和商业企业在新环境下如何做营销？老方法还有没有用？如何寻找新方法？新方法怎么用？本书给你答案	内容非常现实接地气，踏实谈问题说方法
医药	医药企业转型升级战略 史立臣　著	药企转型升级有5大途径，并给出落地步骤及风险控制方法	实操性强，有作者个人经验总结及分析
医药	新医改下的医药营销与团队管理 史立臣　著	探讨新医改对医药行业的系列影响和医药团队管理	帮助理清思路，有一个框架
医药	医药营销与处方药学术推广 马宝琳　著	如何用医学策划把“平民产品”变成“明星产品”	有真货、讲真话的作者，堪称处方药营销的经典！
医药	医药行业大洗牌与药企创新 林延君　沈　斌　著	一方面，围绕着变革，多角度阐述药企的应对之道；另一方面，紧扣实践，介绍近百家医药企业创新实践案例	医改变革10年，医药企业如何应对大洗牌？重磅出击的药企人必读书
医药	新医改了，药店就要这样开 尚　锋　著	药店经营、管理、营销全攻略	有很强的实战性和可操作性
医药	电商来了，实体药店如何突围 尚　锋　著	电商崛起，药店该如何突围？本书从促销、会员服务、专业性、客单价等多重角度给出了指导方向	实战攻略，拿来就能用
医药	OTC医药代表药店销售36计 鄢圣安　著	以《三十六计》为线，写OTC医药代表向药店销售的一些技巧与策略	案例丰富，生动真实，实操性强
医药	OTC医药代表药店开发与维护 鄢圣安　著	要做到一名专业的医药代表，需要做什么、准备什么、知识储备、操作技巧等	医药代表药店拜访的指导手册，手把手教你快速上手
医药	引爆药店成交率1：店员导购实战 范月明　著	一本书解决药店导购所有难题	情景化、真实化、实战化
医药	引爆药店成交率2：经营落地实战 范月明　著	最接地气的经营方法全指导	揭示了药店经营的几类关键问题
医药	引爆药店成交率：专业化销售解决方案 范月明　著	药品搭配分析与关联销售	为药店人专业化助力
医药	处方药合规推广实战宝典 赵佳震　著	推广体系搭建、推广人员岗位工作内容、推广服务外包商管理等六个方面	解决“医药代表转型”和“推广服务外包商管理”的困惑
医药	医药代理商实操全指导：新环境　新战法 戴文杰　著	结合医药市场政策环境解读新环境下医药招商的战法，着重分析药品产业链的盈利机会	医药销售业务人员的必备读物
医药	攻略基层诊所：医药营销这样做 张江民　著	对基层诊所的开发、维护和动销，拿来就用的方式方法	实战是本书的主旨，只要用心去看，就能在基层诊所市场中运用
医药	互联网医药的未来 动脉网　编著	介绍了互联网医药发展的现状与趋势	帮助创业者和投资人看清未来，把握当下
医药	处方药零售这样做 田　军　著	阐述了处方药零售的重要性，以及做处方药零售市场的具体措施和方法	系统性了解和掌握处方药零售方法
建材家居	成为最赚钱的家具建材经销商 李治江　著	从销售模式、产品、门店等老板们最关注和最需要的方面解决问题、提供方法	只要你是建材、家具、家居用品的经销商老板，这就是一本必读的书
建材家居	定制家居黄金十年 韩　锋　翁长华　著	梳理了定制家居的商业模式和发展情况	帮助定制家居看清方向，把握当下
建材家居	家具建材促销与引流 薛　亮　李永峰　著	十大促销模式的详细方法和工具	让你天天签大单

续表

建材家居	**家具行业操盘手** 王献永　著	家具行业问题的终结者	解决了干家具还有没有前途？为什么同城多店的家具经销商很难做大做强等问题
	建材家居营销：除了促销还能做什么 孙嘉晖　著	一线老手的深度思考，告诉你在建材家居营销模式基本停滞的今天，除了促销，营销还能怎么做	给你的想法一场革命
	建材家居营销实务 程绍珊　杨鸿贵　主编	价值营销运用到建材家居，每一步都让客户增值	有自己的系统、实战
	家居建材门店 6 力爆破 贾同领　著	合盘道出一线品牌销量秘籍	6 力招招见血，既有招数，又有策略
	建材家居门店销量提升 贾同领　著	店面选址、广告投放、推广助销、空间布局、生动展示、店面运营等	门店销量提升是一个系统工程，非常系统、实战
	10 步成为最棒的建材家居门店店长 徐伟泽　著	实际方法易学易用，让员工能够迅速成长，成为独当一面的好店长	只要坚持这样干，一定能成为好店长
	手把手帮建材家居导购业绩倍增：成为顶尖的门店店员 熊亚柱　著	生动的表现形式，让普通人也能成为优秀的导购员，让门店业绩长红	读着有趣，用着简单，一本在手、业绩无忧
	建材家居经销商实战 42 章经 王庆云　著	告诉经销商：老板怎么当、团队怎么带、生意怎么做	忠言逆耳，看着不舒服就对了，实战总结，用一招半式就值了
工业品	**销售是门专业活：B2B、工业品** 陆和平　著	销售流程就应该跟着客户的采购流程和关注点的变化向前推进，将一个完整的销售过程分成十个阶段，提供具体方法	销售不是请客吃饭拉关系，是个专业的活计！方法在手，走遍天下不愁
	解决方案营销实战案例 刘祖轲　著	用 10 个真案例讲明白什么是工业品的解决方案式营销，实战、实用	有干货、真正操作过的才能写得出来
	变局下的工业品企业 7 大机遇 叶敦明　著	产业链条的整合机会、盈利模式的复制机会、营销红利的机会、工业服务商转型机会……	工业品企业还可以这样做，思维大突破
	工业品市场部实战全指导 杜　忠　著	工业品市场部经理工作内容全指导	系统、全面、有理论、有方法，帮助工业品市场部经理更快提升专业能力
	工业品营销管理实务 李洪道　著	中国特色工业品营销体系的全面深化、工业品营销管理体系优化升级	工具更实战，案例更鲜活，内容更深化
	工业品企业如何做品牌 张东利　著	为工业品企业提供最全面的品牌建设思路	有策略、有方法、有思路、有工具
	丁兴良讲工业 4.0 丁兴良　著	没有枯燥的理论和说教，用朴实直白的语言告诉你工业 4.0 的全貌	工业 4.0 是什么？本书告诉你答案
	资深大客户经理：策略准，执行狠 叶敦明　著	从业务开发、发起攻势、关系培育、职业成长四个方面，详述了大客户营销的精髓	满满的全是干货
	两化融合管理系统贯标流程与方法 戴　勇　张华杰　张百荣　编著	全面梳理贯标流程和方法	帮助企业成功贯标
	一切为了订单：订单驱动下的工业品营销实战 唐道明　著	其实，所有的企业都在围绕着两个字在开展全部的经营和管理工作，那就是"订单"	开发订单、满足订单、扩大订单。本书全是实操方法，字字珠玑、句句干货，教你获得营销的胜利
金融	**交易心理分析** (美)马克·道格拉斯　著 刘真如　译	作者一语道破赢家的思考方式，并提供了具体的训练方法	不愧是投资心理的第一书，绝对经典
	精品银行管理之道 崔海鹏　何　屹　主编	中小银行转型的实战经验总结	中小银行的教材很多，实战类的书很少，可以看看

续表

金融	**支付战争** Eric M. Jackson　著 徐　彬　王　晓　译	PayPal 创业期营销官,亲身讲述 PayPal 从诞生到壮大到成功出售的整个历史	激烈、有趣的内幕商战故事!了解美国支付市场的风云巨变
	中外并购名著专业阅读指南 叶兴平　等著	在 5000 多本并购类图书中精选的 200 著作,在阅读的基础上写的读书评价	精挑细选 200 本并一一评介,省去读者挑选的烦恼,快捷、高效
	新三板信息披露全流程:操作与工具 和珩科技　著	详细拆解董秘日常工作过程中所需的信息披露流程	董秘案头必备用书
	成功并购 300 本:一本书搞定并购难题 浩德军师并购联盟　著	从财务,税务,法律等角度详细解答疑问	能解决 80% 的并购问题
	互联网时代的银行转型 韩友诚　著	以大量案例形式为读者全面展示和分析了银行的互联网金融转型应对之道	结合本土银行转型发展案例的书籍
房地产	**产业园区/产业地产规划、招商、运营实战** 阎立忠　著	目前中国第一本系统解读产业园区和产业地产建设运营的实战宝典	从认知、策划、招商到运营全面了解地产策划
	人文商业地产策划 戴欣明　著	城市与商业地产战略定位的关键是不可复制性,要发现独一无二的"味道"	突破千城一面的策划困局
	中国城市群房地产投资策略 吕俊博　著	全方位、多角度分析城市群房地产现状是趋势	让亿元资产投资更理性、更安全
	电影院的下一个黄金十年:开发·差异化·案例 李保煜　著	对目前电影院市场存大的问题及如何解决进行了探讨与解读	多角度了解电影院运营方式及代表性案例
能源	**全能型班组:城市能源互联网与电力班组升级** 国网天津市电力公司　编著	借鉴国内外优秀企业的转型升级思路,通过对于新型班组组织模式和运行机制的大胆设想,力图构建充分适应内外环境变化的全能型班组	看看庞大的国企在新环境下是如何顺应时代的
	国网天津电力全能型班组建设实务 国网天津市电力公司　编著	本书聚焦于天津电力公司在探索全能型班组转型升级时的优秀实践	电力行业的班组实践,具体、可操作性强

经营类:企业如何赚钱,如何抓机会,如何突破,如何"开源"

	书名. 作者	内容/特色	读者价值
抓方向	**让经营回归简单. 升级版** 宋新宇　著	化繁为简抓住经营本质:战略、客户、产品、员工、成长	经典,做企业就这几个关键点!
	混沌与秩序Ⅰ:变革时代企业领先之道 **混沌与秩序Ⅱ:变革时代管理新思维** 彭剑锋　尚艳玲　主编	汇集华夏基石专家团队 10 年来研究成果,集中选择了其中的精华文章编纂成册	作者都是既有深厚理论积淀又有实践经验的重磅专家,为中国企业和企业家的未来提出了高屋建瓴的观点
	活系统:跟任正非学当老板 孙行健　尹　贤　著	以任正非的独到视角,教企业老板如何经营公司	看透公司经营本质,激活企业活力
	重构:快消品企业重生之道 杨永华　著	从 7 个角度,帮助企业实现系统性的改造	提供转型思想与方法,值得参考
	公司由小到大要过哪些坎 卢　强　著	老板手里的一张"企业成长路线图"	现在我在哪儿,未来还要走哪些路,都清楚了
	企业二次创业成功路线图 夏惊鸣　著	企业曾经抓住机会成功了,但下一步该怎么办?	企业怎样获得第二次成功,心里有个大框架了
	老板经理人双赢之道 陈　明　著	经理人怎养选平台、怎么开局,老板怎样选/育/用/留	老板生闷气,经理人牢骚大,这次知道该怎么办了

续表

抓方向	**简单思考:AMT 咨询创始人自述** 孔祥云　著	著名咨询公司(AMT)的 CEO 创业历程中点点滴滴的经验与思考	每一位咨询人,每一位创业者和管理经营者,都值得一读
	企业文化的逻辑 王祥伍　黄健江　著	为什么企业绩效如此不同,解开绩效背后的文化密码	少有的深刻,有品质,读起来很流畅
	使命驱动企业成长 高可为　著	钱能让一个人今天努力,使命能让一群人长期努力	对于想做事业的人,'使命'是绕不过去的
思维突破	**盈利原本就这么简单** 高可为　著	从财务的角度揭示企业盈利的秘密	多方面解读商业模式与盈利的关系,通俗易懂,受益匪浅
	经营:打造你的盈利系统 高可为　著	从盈利角度梳理了系统化的经营方式	让企业掌舵者把控经营全局
	创模式:23 个行业创新案例 段传敏　著	23 位行业精英的创新对话	创业者、转型者的实战参考
	企业良性成长:用顶层设计突破瓶颈 刘建兆　著	全方位介绍企业顶层设计的方法和思路	帮助企业用顶层设计突破成长瓶颈
	移动互联新玩法:未来商业的格局和趋势 史贤龙　著	传统商业、电商、移动互联,三个世界并存,这种新格局的玩法一定要懂	看清热点的本质,把握行业先机,一本书搞定移动互联网
	画出公司的互联网进化路线图:用互联网思维重塑产品、客户和价值 李　蓓　著	18 个问题帮助企业一步步梳理出互联网转型思路	思路清晰、案例丰富,非常有启发性
	重生战略:移动互联网和大数据时代的转型法则 沈　拓　著	在移动互联网和大数据时代,传统企业转型如同生命体打算与再造,称之为"重生战略"	帮助企业认清移动互联网环境下的变化和应对之道
	创造增量市场:传统企业互联网转型之道 刘红明　著	传统企业需要用互联网思维去创造增量,而不是用电子商务去转移传统业务的存量	教你怎么在"互联网+"的海洋中创造实实在在的增量
	7 个转变,让公司 3 年胜出 李　蓓　著	消费者主权时代,企业该怎么办	这就是互联网思维,老板有能这样想,肯定倒不了
	跳出同质思维,从跟随到领先 郭　剑　著	66 个精彩案例剖析,帮助老板突破行业长期思维惯性	做企业竟然有这么多玩法,开眼界
	互联网+"变"与"不变":本土管理实践与创新论坛集萃·2016 本土管理实践与创新论坛　著	加速本土管理思想的孕育诞生,促进本土管理创新成果更好地服务企业、贡献社会	各个作者本年度最新思想,帮助读者拓宽眼界、突破思维
	消费升级:实践　研究(文集) 本土管理实践与创新论坛　著	38 位管理专家及 7 位学者的精华思想,从经营、管理、行业及思想研究四个方面阐述中国企业在消费升级下的实践与研究	思想启发,行业借鉴
财务	**写给企业家的公司与家庭财务规划——从创业成功到富足退休** 周荣辉　著	本书以企业的发展周期为主线,写各阶段企业与企业主家庭的财务规划	为读者处理人生各阶段企业与家庭的财务问题提供建议及方法,让家庭成员真正享受财富带来的益处
	互联网时代的成本观 程　翔　著	本书结合互联网时代提出了成本的多维观,揭示了多维组合成本的互联网精神和大数据特征,论述了其产生背景、实现思路和应用价值	在传统成本观下为盈利的业务,在新环境下也许就成为亏损业务。帮助管理者从新的角度来看待成本,进一步做好精益管理

续表

财务	财报背后的投资机会 蒋 豹 著	以具体的公司案例分析，教你迅速看出财务报表与企业经营的关系、所反映的企业经营现状，从而找到投资机会	前四大会计所员工为读者解密财报，发现投资机会

管理类：效率如何提升，如何实现经营目标，如何“节流”

	书名．作者	内容/特色	读者价值
通用管理	让管理回归简单·升级版 宋新宇 著	从目标、组织、决策、授权、人才和老板自己层面教你怎样做管理	帮助管理抓住管理的要害，让管理变得简单
	让经营回归简单·升级版 宋新宇 著	从战略、客户、产品、员工、成长、经营者自身等七个方面，归纳总结出简单有效的经营法则	总结出的真正优秀企业的成功之道：简单
	让用人回归简单 宋新宇 著	从用人的原则、用人的难题与误区、用人的方法和用人者的修炼四大方面，总结出适合中小企业做好人才管理工作的法则	帮助管理者抓住用人的要害，让用人变得简单
	历史深处的管理智慧1：组织建设与用人之道 刘文瑞 著	对历史之典故、政事、人事、政制进行管理解析，鉴照企业人才的选用育留	推动理论与实践的对接，实现理性与情感的渗透，用中国话语说明管理智慧
	历史深处的管理智慧2：战略决策与经营运作 刘文瑞 著	对历史之典故、政事、人事、政制进行管理解析，鉴照企业战略设计与经营实践	推动理论与实践的对接，实现理性与情感的渗透，用中国话语说明管理智慧
	历史深处的管理智慧3：领导修炼与文化素养 刘文瑞 著	对历史之典故、政事、人事、政制进行管理解析，鉴照企业领导职业能力提升与文化修养	推动理论与实践的对接，实现理性与情感的渗透，用中国话语说明管理智慧
	管理的尺度 刘文瑞 著	对管理中的种种普遍性问题进行了批评	提高把握管理尺度的能力
	管理学在中国 刘文瑞 著	系统性介绍了管理学在中国的发展和演变	了解管理学在中国的发展脉络，更清晰理解管理学的本质
	看电影，懂管理 刘文瑞 著	16部经典电影，带你感悟管理智慧	能够帮助读者放松身心，驰骋想象，在不知不觉中增长智慧
	管理：以规则驾驭人性 王春强 著	详细解读企业规则的制定方法	从人与人博弈角度提升管理的有效性
	打造集成供应链：走出挂一漏十的改善困境 王春强 著	详解集成供应链全过程	帮助企业优化供应链管理
	用好骨干员工：关键人才培养与激励 王 敏 著	系统化分享关键人才打造与激励方法	企业能实在用人的最大化价值
	改变世界的管理学大师1：管理学的前世今生 刘文瑞 编著	介绍了古典管理学时期的大师事迹和思想	深入了解管理大师们的思想和智慧
	成为企业欢迎的咨询师 张国祥 著	从调研到落地，手把手教你咨询流程	不走弯路，方便直接的学到老咨询师的套路
	员工心理学超级漫画版 邢 雷 著	以漫画的形式深度剖析员工心理	帮助管理者更了解员工，从而更轻松地管理员工
	老板有想法，高层有干法：企业中的将帅之道 王清华 著	深入剖析老板与高管的异同	各司其职，各行其是，相辅相成
	分股合心：股权激励这样做 段磊 周剑 著	通过丰富的案例，详细介绍了股权激励的知识和实行方法	内容丰富全面、易读易懂，了解股权激励，有这一本就够了
	边干边学做老板 黄中强 著	创业20多年的老板，有经验、能写、又愿意分享，这样的书很少	处处共鸣，帮助中小企业老板少走弯路

续表

通用管理	成为敏感而体贴的公司 王　涛　著	本书为作者对企业的观察和冥想的随笔记录。从生活中的一个现象入手，进而探索现象背后的本质	从全新角度认识公司
	中国企业的觉醒：正直　善良　成长 王　涛　著	围绕着企业人如何发生转化展开，对中国人、中国文化及由此导致的企业现状的观察和思考	企业除了要利润，还需要道德
	有意识的思考：轻松化解问题的7个思考习惯 王　涛　著	本书是对思想、思考过程、思考方式进行的细致观察	养成好的思考习惯，更深刻地看问题
	中国式阿米巴落地实践之从交付到交易 胡八一　著	本书主要讲述阿米巴经营会计，"从交付到交易"，这是成功实施了阿米巴的标志	阿米巴经营会计的工作是有逻辑关联的，一本书就能搞定
	中国式阿米巴落地实践之激活组织 胡八一　著	重点讲解如何科学划分阿米巴单元，阐述划分的实操要领、思路、方法、技术与工具	最大限度减少"推行风险"和"摸索成本"，利于公司成功搭建适合自身的个性化阿米巴经营体系
	中国式阿米巴落地实践之持续盈利 胡八一　著	把企业做成平台，企业才能做大（格局）；把平台做成阿米巴，企业才能做强（专业）；把阿米巴做成合伙制，企业才能做久（机制）	中国式阿米巴落地实践三部曲的最后一部，告诉你企业如何做大做强做久
	集团化企业阿米巴实战案例 初勇钢　著	一家集团化企业阿米巴实施案例	指导集团化企业系统实施阿米巴
	阿米巴经营的中国模式 李志华　著	让员工从"要我干"到"我要干"，价值量化出来	阿米巴在企业如何落地，明白思路了
	欧博心法：好管理靠修行 曾　伟　著	用佛家的智慧，深刻剖析管理问题，见解独到	如果真的有'中国式管理'，曾老师是其中标志性人物
	领导这样点燃你的下属 孟广桥　著	领导者如何才能让员工积极主动地工作？如何让你的员工和下属保持工作的热情，自动自发？看了这本书就知道	只要你希望手下的"兵将"永远充满工作的斗志，这本书将使你获益良多
流程管理	1. 用流程解放管理者 2. 用流程解放管理者2 张国祥　著	中小企业阅读的流程管理、企业规范化的书	通俗易懂，理论和实践的结合恰到好处
	跟我们学建流程体系 陈立云　著	畅销书《跟我们学做流程管理》系列，更实操，更细致，更深入	更多地分享实践，分享感悟，从实践总结出来的方法论
	人人都要懂流程 金国华　余雅丽　著	当前各企业流程管理方面最为典型的痛点现象及问题案例	通俗易懂，适合企业全员阅读
质量管理	IATF16949质量管理体系详解与案例文件汇编：TS16949转版IATF16949：2016 谭洪华　著	针对IATF的新标准做了详细的解说，同时指出了一些推行中容易犯的错误，提供了大量的表单、案例	案例、表单丰富，拿来就用
	五大质量工具详解及运用案例：APQP/FMEA/PPAP/MSA/SPC 谭洪华　著	对制造业必备的五大质量工具中每个文件的制作要求、注意事项、制作流程、成功案例等进行了解读	通俗易懂、简便易行，能真正实现学以致用
	ISO9001：2015新版质量管理体系详解与案例文件汇编 谭洪华　著	紧密围绕2015年新版质量管理体系文件逐条详细解读，并提供可以直接套用的案例工具，易学易上手	企业质量管理认证、内审必备
	ISO14001：2015新版环境管理体系详解与案例文件汇编 谭洪华　著	紧密围绕2015年新版环境管理体系文件逐条详细解读，并提供可以直接套用的案例工具，易学易上手	企业环境管理认证、内审必备

续表

质量管理	**ISO9001:2015 完整文件汇编:制造业** 贺红喜　著	按照 ISO9001 标准并超出标准的要求,提供了一套完整的制造业的质量管理体系文件	原汁原味完整收入,直接可以拿来就用
	SA8000:2014 社会责任管理体系认证实战 吕　林　著	作者根据自己的操作经验,按认证的流程,以相关案例进行说明 SA8000 认证体系	简单,实操性强,拿来就能用
	精益质量管理实战工具 贺小林　著	制造类企业日常工作中所需要的精益管理工具的归纳整理,并进行案例操作的细致分析	可以直接参考,实际解决生产中的具体问题
战略落地	**重生——中国企业的战略转型** 施　炜　著	从前瞻和适用的角度,对中国企业战略转型的方向、路径及策略性举措提出了一些概要性的建议和意见	对企业有战略指导意义
	公司大了怎么管:从靠英雄到靠组织 AMT 金国华　著	第一次详尽阐释中国快速成长型企业的特点、问题及解决之道	帮助快速成长型企业领导及管理团队理清思路,突破瓶颈
	低效会议怎么改:每年节省一半会议成本的秘密 AMT 王玉荣　著	教你如何系统规划公司的各级会议,一本工具书	教会你科学管理会议的办法
	年初订计划,年尾有结果:战略落地七步成诗 AMT 郭晓　著	7 个步骤教会你怎么让公司制定的战略转变为行动	系统规划,有效指导计划实现
人力资源	**HRBP 是这样炼成的之“菜鸟起飞”** 新　海　著	以小说的形式,具体解析 HRBP 的职责,应该如何操作,如何为业务服务	实践者的经验分享,内容实务具体,形式有趣
	HRBP 是这样炼成的之中级修炼 新　海　著	本书以案例故事的方式,介绍了 HRBP 在实际工作中碰到的问题和挑战	书中的 HR 解决方案讲究因时因地制宜、简单有效的原则,重在启发读者思路,可供各类企业 HRBP 借鉴
	HRBP 是这样炼成的之高级修炼 新　海　著	以故事的形式,展现了 HRBP 工作者在职业发展路上的层层深入和递进	为读者提供 HRBP 在实际工作中遇到种种问题的解决方案
	新任 HR 高管如何从 0 到 1 黄渊明　著	全景式展现新任高管华丽转身全过程	助力新任高管安全着陆
	HR 的劳动法内参 李皓楠　著	100 个劳动法案例和分析	轻松掌握劳动法知识,方便运用
	把面试做到极致:首席面试官的人才甄选法 孟广桥　著	作者用自己几十年的人力资源经验总结出的一套实用的确定岗位招聘标准、提升面试官技能素质的简便方法	面试官必备,没有空泛理论,只有巧妙的实操技能
	人力资源体系与 e – HR 信息化建设 刘书生　陈　莹　王美佳　著	将作者经历的人力资源管理变革、人力资源管理信息化咨询项目方法论、工具和成果全面展现给读者,使大家能够将其快速应用到管理实践中	系统性非常强,没有废话,全部是浓缩的干货
	回归本源看绩效 孙　波　著	让绩效回顾“改进工具”的本源,真正为企业所用	确实是来源于实践的思考,有共鸣
	世界 500 强资深培训经理人教你做培训管理 陈　锐　著	从 7 大角度具体细致地讲解了培训管理的核心内容	专业、实用、接地气

续表

人力资源	**曹子祥教你做激励性薪酬设计** 曹子祥　著	以激励性为指导，系统性地介绍了薪酬体系及关键岗位的薪酬设计模式	深入浅出，一本书学会薪酬设计
	曹子祥教你做绩效管理 曹子祥　著	复杂的理论通俗化，专业的知识简单化，企业绩效管理共性问题的解决方案	轻松掌握绩效管理
	把招聘做到极致 远　鸣　著	作为世界500强高级招聘经理，作者数十年招聘经验的总结分享	带来职场思考境界的提升和具体招聘方法的学习
	人才评价中心．超级漫画版 邢　雷　著	专业的主题，漫画的形式，只此一本	没想到一本专业的书，能写成这效果
	走出薪酬管理误区 全怀周　著	剖析薪酬管理的8大误区，真正发挥好枢纽作用	值得企业深读的实用教案
	集团化人力资源管理实践 李小勇　著	对搭建集团化的企业很有帮助，务实，实用	最大的亮点不是理论，而是结合实际的深入剖析
	我的人力资源咨询笔记 张　伟　著	管理咨询师的视角，思考企业的HR管理	通过咨询师的眼睛对比很多企业，有启发
	本土化人力资源管理8大思维 周　剑　著	成熟HR理论，在本土中小企业实践中的探索和思考	对企业的现实困境有真切体会，有启发
企业文化	**36个拿来就用的企业文化建设工具** 海融心胜　主编	数十个工具，为了方便拿来就用，每一个工具都严格按照工具属性、操作方法、案例解读划分，实用、好用	企业文化工作者的案头必备书，方法都在里面，简单易操作
	企业文化建设超级漫画版 邢　雷　著	以漫画的形式系统教你企业文化建设方法	轻松易懂好操作
	华夏基石方法：企业文化落地本土实践 王祥伍　谭俊峰　著	十年积累、原创方法、一线资料，和盘托出	在文化落地方面真正有洞察，有实操价值的书
	企业文化的逻辑 王祥伍　著	为什么企业之间如此不同，解开绩效背后的文化密码	少有的深刻，有品质，读起来很流畅
	企业文化激活沟通 宋杼宸　安　琪　著	透过新任HR总经理的眼睛，揭示出沟通与企业文化的关系	有实际指导作用的文化落地读本
	在组织中绽放自我：从专业化到职业化 朱仁健　王祥伍　著	个人如何融入组织，组织如何助力个人成长	帮助企业员工快速认同并投入到组织中去，为企业发展贡献力量
	企业文化定位·落地一本通 王明胤　著	把高深枯燥的专业理论创建成一套系统化、实操化、简单化的企业文化缔造方法	对企业文化不了解，不会做？有这一本从概念到实操，就够了
生产管理	**精益思维：中国精益如何落地** 刘承元　著	笔者二十余年企业经营和咨询管理的经验总结	中国企业需要灵活运用精益思维，推动经营要素与管理机制的有机结合，推动企业管理向前发展
	300张现场图看懂精益5S管理 乐　涛　编著	5S现场实操详解	案例图解，易懂易学
	高员工流失率下的精益生产 余伟辉　著	中国的精益生产必须面对和解决高员工流失率问题	确实来源于本土的工厂车间，很务实
	车间人员管理那些事儿 岑立聪　著	车间人员管理中处理各种“疑难杂症”的经验和方法	基层车间管理者最闹心、头疼的事，‘打包’解决

续表

<table>
<tr><td rowspan="12">生产管理</td><td>1. 欧博心法:好管理靠修行
2. 欧博心法:好工厂这样管
曾　伟　著</td><td>他是本土最大的制造业管理咨询机构创始人,他从 400 多个项目、上万家企业实践中锤炼出的欧博心法</td><td>中小制造型企业,一定会有很强的共鸣</td></tr>
<tr><td>欧博工厂案例 1:生产计划管控对话录
欧博工厂案例 2:品质技术改善对话录
欧博工厂案例 3:员工执行力提升对话录
曾　伟　著</td><td>最典型的问题、最详尽的解析,工厂管理 9 大问题 27 个经典案例</td><td>没想到说得这么细,超出想象,案例很典型,照搬都可以了</td></tr>
<tr><td>工厂管理实战工具
欧博企管　编著</td><td>以传统文化为核心的管理工具</td><td>适合中国工厂</td></tr>
<tr><td>苦中得乐:管理者的第一堂必修课
曾　伟　编著</td><td>曾伟与师傅大愿法师的对话,佛学与管理实践的碰撞,管理禅的修行之道</td><td>用佛学最高智慧看透管理</td></tr>
<tr><td>比日本工厂更高效 1:管理提升无极限
刘承元　著</td><td>指出制造型企业管理的六大积弊;颠覆流行的错误认知;掌握精益管理的精髓</td><td>每一个企业都有自己不同的问题,管理没有一剑封喉的秘笈,要从现场、现物、现实出发</td></tr>
<tr><td>比日本工厂更高效 2:超强经营力
刘承元　著</td><td>企业要获得持续盈利,就要开源和节流,即实现销售最大化,费用最小化</td><td>掌握提升工厂效率的全新方法</td></tr>
<tr><td>比日本工厂更高效 3:精益改善力的成功实践
刘承元　著</td><td>工厂全面改善系统有其独特的目的取向特征,着眼于企业经营体质(持续竞争力)的建设与提升</td><td>用持续改善力来飞速提升工厂的效率,高效率能够带来意想不到的高效益</td></tr>
<tr><td>3A 顾问精益实践 1:IE 与效率提升
党新民　苏迎斌　蓝旭日　著</td><td>系统的阐述了 IE 技术的来龙去脉以及操作方法</td><td>使员工与企业持续获利</td></tr>
<tr><td>3A 顾问精益实践 2:JIT 与精益改善
肖志军　党新民　著</td><td>只在需要的时候,按需要的量,生产所需的产品</td><td>提升工厂效率</td></tr>
<tr><td>化工企业工艺安全管理实操
黄　娜　编著</td><td>化工企业工艺安全管理全指导</td><td>帮助企业树立安全意识,强化安全管理方法</td></tr>
<tr><td>手把手教你做专业的生产经理
黄　娜　著</td><td>物流、信息流、资金流,让生产经理管理有抓手</td><td>从菜鸟到能把控全局</td></tr>
<tr><td colspan="3"></td></tr>
<tr><td rowspan="5">员工素质提升</td><td>TTT 培训师精进三部曲(上):深度改善现场培训效果
廖信琳　著</td><td>现场把控不用慌,这里有妙招一用就灵</td><td>课程现场无论遇到什么样的情况都能游刃有余</td></tr>
<tr><td>TTT 培训师精进三部曲(中):构建最有价值的课程内容
廖信琳　著</td><td>这样做课程内容,学员有收获培训师也有收获</td><td>优质的课程内容是树立个人品牌的保证</td></tr>
<tr><td>TTT 培训师精进三部曲(下):职业功力沉淀与修为提升
廖信琳　著</td><td>从内而外提升自己,职业的道路一帆风顺</td><td>走上职业 TTT 内训师的康庄大道</td></tr>
<tr><td>培训师,如何让你的事业长青:自我管理的 10 项法则
廖信琳　著</td><td>建立了一套完整的培训师自我管理体系,为培训师的职业成长与发展提供有益的指引</td><td>培训师如何在自己的职业道路上越走越高,事业长青,一直有所收获与成长?本书将给你答案</td></tr>
<tr><td>管理咨询师的第一本书:百万年薪　千万身价
熊亚柱　著</td><td>从问题出发,发现问题、分析问题、解决问题,让两眼一抹黑的新人快速成长</td><td>管理咨询师初入职场,让这本书开启百万年薪之路</td></tr>
</table>

续表

员工素质提升	**手把手教你做专业督导：专卖店、连锁店** 熊亚柱　著	从督导的职能、作用，在工作中需要的专业技能、方法，都提供了详细的解读和训练办法，同时附有大量的表单工具	无论是店铺需要统一培训，还是个人想成为优秀的督导，有这一本就够了
	跟老板"偷师"学创业 吴江萍　余晓雷　著	边学边干，边观察边成长，你也可以当老板	不同于其他类型的创业书，让你在工作中积累创业经验，一举成功
	销售轨迹：一位快消品营销总监的拼搏之路 秦国伟　著	本书讲述了一个普通销售员打拼成为跨国企业营销总监的真实奋斗历程	激励人心，给广大销售员以力量和鼓舞
	在组织中绽放自我：从专业化到职业化 朱仁健　王祥伍　著	个人如何融入组织，组织如何助力个人成长	帮助企业员工快速认同并投入到组织中去，为企业发展贡献力量
	企业员工弟子规：用心做小事，成就大事业 贾同领　著	从传统文化《弟子规》中学习企业中为人处事的办法，从自身做起	点滴小事，修养自身，从自身的改善得到事业的提升
	手把手教你做顶尖企业内训师：TTT 培训师宝典 熊亚柱　著	从课程研发到现场把控、个人提升都有涉及，易读易懂，内容丰富全面	想要做企业内训师的员工有福了，本书教你如何抓住关键，从入门到精通
	28 天速成文案高手 秦　士　安　丽　著	解构优秀品牌和出彩文案背后的逻辑，28 天循序渐进成为文案高手	让优质文案变成"智慧工厂"般的工序管理与稳定出品
	让投诉顾客满意离开：客户投诉应对与管理 孟广桥　著	立足于投诉处理的实践，剖析了不同投诉者投诉的特点和应对措施，并提供各种技巧方法、赢得客户信赖所需培养的品质修炼、处理投诉应掌握的法律法规等工具	是投诉处理人员适应岗位职能需要、提升工作技能的良师益友，是企业变诉为金、培养业务骨干的法宝

营销类：把客户需求融入企业各环节，提供"客户认为"有价值的东西

	书名．作者	内容/特色	读者价值
营销模式	**精品营销战略** 杜建君　著	以精品理念为核心的精益战略和营销策略	用精品思维赢得高端市场
	变局下的营销模式升级 程绍珊　叶　宁　著	客户驱动模式、技术驱动模式、资源驱动模式	很多行业的营销模式被颠覆，调整的思路有了！
	动销操盘：节奏掌控与社群时代新战法 朱志明　著	在社群时代把握好产品生产销售的节奏，解析动销的症结，寻找动销的规律与方法	都是易读易懂的干货！对动销方法的全面解析和操盘
	弱势品牌如何做营销 李政权　著	中小企业虽有品牌但没名气，营销照样能做的有声有色	没有丰富的实操经验，写不出这么具体、详实的案例和步骤，很有启发
	老板如何管营销 史贤龙　著	高段位营销 16 招，好学好用	老板能看，营销人也能看
	洞察人性的营销战术：沈坤教你 28 式 沈　坤　著	28 个匪夷所思的营销怪招令人拍案叫绝，涉及商业竞争的方方面面，大部分战术可以直接应用到企业营销中	各种谋略得益于作者的横向思维方式，将其操作过的案例结合其中，提供的战术对读者有参考价值
	动销：产品是如何畅销起来的 吴江萍　余晓雷　著	真真切切告诉你，产品究竟怎么才能卖出去	击中痛点，提供方法，你值得拥有
	1000 铁杆女粉丝 张兵武　著	连接是女性与生俱来的特质。能善用连接的营销人员，就像拿到打开女性荷包的钥匙	重新认识女性的传播力量
	360°谈营销：一位营销咨询师 20 年实战洞察 王清华　古怀亮　著	各个角度，全方位，多视点剥营销	思路单一，此书帮你破

续表

营销模式	**营销按钮:扣动一触即发的力量** 老　苗　著	提供各种奇形怪状的营销武器	一定会带给你不一样的思维震撼
	孙子兵法营销战 刘文新　著	逐句解读孙子兵法,以及在营销方面的感悟	帮助营销人用智慧打营销仗
销售	**资深大客户经理:策略准,执行狠** 叶敦明　著	从业务开发、发起攻势、关系培育、职业成长四个方面,详述了大客户营销的精髓	满满的全是干货
	大客户销售这样说这样做 陆和平　著	大客户销售十大模块 68 个典型销售场景应对策略和话术,直接拿来就用	从"为什么要这么干"到"干什么、怎么干"
	成为资深的销售经理:B2B、工业品 陆和平　著	围绕"销售管理的六个关键控制点"一一展开,提供销售管理的专业、高效方法	方法和技术接地气,拿来就用,从销售员成长为经理不再犯难
	销售是门专业活:B2B、工业品 陆和平　著	销售流程就应该跟着客户的采购流程和关注点的变化向前推进,将一个完整的销售过程分成十个阶段,提供具体方法	销售不是请客吃饭拉关系,是个专业的活计!方法在手,走遍天下不愁
	向高层销售:与决策者有效打交道 贺兵一　著	一套完整有效的销售策略	有工具,有方法,有案例,通俗易懂
	学话术　卖产品 张小虎　著	分析常见的顾客异议,将优秀的话术模块化	让普通导购员也能成为销售精英
组织和团队	**升级你的营销组织** 程绍珊　吴越舟　著	用"有机性"的营销组织替代"营销能人",营销团队变成"铁营盘"	营销队伍最难管,程老师不愧是营销第 1 操盘手,步骤方法都很成熟
	用数字解放营销人 黄润霖　著	通过量化帮助营销人员提高工作效率	作者很用心,很好的常备工具书
	成为优秀的快消品区域经理(升级版) 伯建新　著	用"怎么办"分析区域经理的工作关键点,增加 30% 全新内容,更贴近环境变化	可以作为区域经理的"速成催化器"
	成为资深的销售经理:B2B、工业品 陆和平　著	围绕"销售管理的六个关键控制点"一一展开,提供销售管理的专业、高效方法	方法和技术接地气,拿来就用,从销售员成长为经理不再犯难
	一位销售经理的工作心得 蒋　军　著	一线营销管理人员想提升业绩却无从下手时,可以看看这本书	一线的真实感悟
	快消品营销:一位销售经理的工作心得 2 蒋　军　著	快消品、食品饮料营销的经验之谈,重点突出	来源于实战的精华总结
	销售轨迹:一位快消品营销总监的拼搏之路 秦国伟　著	本书讲述了一个普通销售员打拼成为跨国企业营销总监的真实奋斗历程	激励人心,给广大销售员以力量和鼓舞
	用营销计划锁定胜局:用数字解放营销人 2 黄润霖　著	全方位教你怎么做好营销计划,好学好用真简单	照搬套用就行,做营销计划再也不头痛
	快消品营销人的第一本书:从入门到精通 刘　雷　伯建新　著	快消行业必读书,从入门到专业	深入细致,易学易懂
产品	**产品开发管理方法·流程·工具:从作坊式到规范化** 任彭枞　著	产品研发管理体系全指导	既有工具,又能开拓思路
	新产品开发管理,就用 IPD(升级版) 郭富才　著	10 年 IPD 研发管理咨询总结,国内首部 IPD 专业著作	一本书掌握 IPD 管理精髓

续表

产品	这样打造大单品：案例　策略　方法 迪智成咨询团队　著	囊括十三个不同行业、企业的实际案例，从不同角度详细剖析、总结了这些品牌厂家打造大单品的成功经验或者失败教训	厘清大单品打造的策划与路径，得出持续经营的思路与方法
	研发体系改进之道 靖　爽　陈年根　马鸣明　著	提出一套系统性的方法与工具	指引企业少走弯路，提高成功率
	资深项目经理这样做新产品开发管理 秦海林　著	以IPD为思想，系统讲解新产品开管理的细节	提供管理思路和实用工具
	产品炼金术Ⅰ：如何打造畅销产品 史贤龙　著	满足不同阶段、不同体量、不同行业企业对产品的完整需求	必须具备的思维和方法，避免在产品问题上走弯路
	产品炼金术Ⅱ：如何用产品驱动企业成长 史贤龙　著	做好产品、关注产品的品质，就是企业成功的第一步	必须具备的思维和方法，避免在产品问题上走弯路
品牌	中小企业如何建品牌 梁小平　著	中小企业建品牌的入门读本，通俗、易懂	对建品牌有了一个整体框架
	采纳方法：破解本土营销8大难题 朱玉童　编著	全面、系统、案例丰富、图文并茂	希望在品牌营销方面有所突破的人，应该看看
	中国品牌营销十三战法 朱玉童　编著	采纳20年来的品牌策划方法，同时配有大量的案例	众包方式写作，丰富案例给人启发，极具价值
	今后这样做品牌：移动互联时代的品牌营销策略 蒋　军　著	与移动互联紧密结合，告诉你老方法还能不能用，新方法怎么用	今后这样做品牌就对了
	中小企业如何打造区域强势品牌 吴　之　著	帮助区域的中小企业打造自身品牌，如何在强壮自身的基础上往外拓展	梳理误区，系统思考品牌问题，切实符合中小区域品牌的自身特点进行阐述
渠道通路	深度分销：掌控渠道价值链 施　炜　著	制造商通过掌控渠道价值链，将管理触角延伸至零售层面及顾客现场，对市场根部精耕细作，从而挖掘需求，构筑区域市场尤其是三四级市场的竞争壁垒	深度分销是中国企业对世界营销的独特贡献。实践证明，互联网时代深度分销仍有生命力
	快消品营销与渠道管理 谭长春　著	将快消品标杆企业渠道管理的经验和方法分享出来	可口可乐、华润的一些具体的渠道管理经验，实战
	传统行业如何用网络拿订单 张　进　著	给老板看的第一本网络营销书	适合不懂网络技术的经营决策者看
	采纳方法：化解渠道冲突 朱玉童　编著	系统剖析渠道冲突，21个渠道冲突案例、情景式讲解，37篇讲义	系统、全面
	学话术　卖产品 张小虎　著	分析常见的顾客异议，将优秀的话术模块化	让普通导购员也能成为销售精英
	向高层销售：与决策者有效打交道 贺兵一　著	一套完整有效的销售策略	有工具，有方法，有案例，通俗易懂
	通路精耕操作全解：快消品20年实战精华 周　俊　陈小龙　著	通路精耕的详细全解，每一步的具体操作方法和表单全部无保留提供	康师傅二十年的经验和精华，实践证明的最有效方法，教你如何主宰通路

管理者读的文史哲·生活

	书名．作者	内容/特色	读者价值
思想·文化	德鲁克管理思想解读 罗　珉　著	用独特视角和研究方法，对德鲁克的管理理论进行了深度解读与剖析	不仅是摘引和粗浅分析，还是作者多年深入研究的成果，非常可贵
	德鲁克与他的论敌们：马斯洛、戴明、彼得斯 罗　珉　著	几位大师之间的论战和思想碰撞令人受益匪浅	对大师们的观点和著作进行了大量的理论加工，去伪存真、去粗存精，同时有自己独特的体系深度

续表

思想·文化	**德鲁克管理学** 张远凤　著	本书以德鲁克管理思想的发展为线索，从一个侧面展示了20世纪管理学的发展历程	通俗易懂，脉络清晰
	王阳明“万物一体”论：从“身－体”的立场看（修订版） 陈立胜　著	以身体哲学分析王阳明思想中的“仁”与“乐”	进一步了解传统文化，了解王阳明的思想
	自我与世界：以问题为中心的现象学运动研究 陈立胜　著	以问题为中心，对现象学运动中的“意向性”“自我”“他人”“身体”及“世界”各核心议题之思想史背景与内在发展理路进行深入细致的分析	深入了解现象学中的几个主要问题
	作为身体哲学的中国古代哲学 张再林　著	上篇为中国古代身体哲学理论体系奠基性部分，下篇对由“上篇”所开出的中国身体哲学理论体系的进一步的阐发和拓展	了解什么是真正原生态意义上的中国哲学，把中国传统哲学与西方传统哲学加以严格区别
	中西哲学的歧异与会通 张再林　著	本书以一种现代解释学的方法，对中国传统哲学内在本质尝试一种全新的和全方位的解读	发掘出掩埋在古老传统形式下的现代特质和活的生命，在此基础上揭示中西哲学“你中有我，我中有你”之旨
	治论：中国古代管理思想 张再林　著	本书主要从儒、法墨三家阐述中国古代管理思想	看人本主义的管理理论如何不留斧痕地克服似乎无法调解的存在于人类社会行为与社会组织中的种种两难和对立
	车过麻城　再晤李贽 张再林　著	系统全面而又简明扼要地展示了李贽独到的学术眼力和超拔的理论建树	帮助读者重新认识李贽的思想
	中国古代政治制度（修订版）上：皇帝制度与中央政府 刘文瑞　著	全面论证了古代皇帝制度的形成和演变的历程	有助于读者从政治制度角度了解中国国情的历史渊源
	中国古代政治制度（修订版）下：地方体制与官僚制度 刘文瑞　著	全面论证了古代地方政府的发展演变过程	有助于读者从政治制度角度了解中国国情的历史渊源
	中国思想文化十八讲（修订版） 张茂泽　著	中国古代的宗教思想文化，如对祖先崇拜、儒家天命观、中国古代关于“神”的讨论等	宗教文化和人生信仰或信念紧密相联，在文化转型时期学习和研究中国宗教文化就有特别的现实意义
	史幼波《大学》讲记 史幼波　著	用儒释道的观点阐释大学的深刻思想	一本书读懂传统文化经典
	史幼波《周子通书》《太极图说》讲记 史幼波　著	把形而上的宇宙、天地，与形而下的社会、人生、经济、文化等融合在一起	将儒家的一整套学修系统融合起来
	史幼波《中庸》讲记（上下册） 史幼波　著	全面、深入浅出地揭示儒家中庸文化的真谛	儒释道三家思想融会贯通
	梁涛讲《孟子》之万章篇 梁　涛　著	《万章》主要记录孟子与万章的对话，涉及孝道、亲情、友情、出仕为官等	作者的解读能帮助读者更好地理解孟子及儒学
	两晋南北朝十二讲（修订版） 李文才　著	作为一本普及性读物，作者尊重史实，运用“历史心理学”的叙事方法，分12个专题对两晋南北朝的历史进行阐述	让读者轻松了解两晋南北朝的历史
	每个中国人身上的春秋基因 史贤龙　著	春秋368年（公元前770－公元前403年），每一个中国人都可以在这段时期的历史中找到自己的祖先，看到真实发生的事件，同时也看到自己	长情商、识人心
	与《老子》一起思考：德篇 **与《老子》一起思考：道篇** 史贤龙　著	打通文史，回归哲慧，纵贯古今，放眼中外，妙语迭出，在当今的老子读本中别具一格	深读有深读的回味，浅尝有浅尝的机敏，可给读者不同的启发